英国学徒制治理新体系研究

刘育锋 著

北京理工大学出版社
BEIJING INSTITUTE OF TECHNOLOGY PRESS

内 容 简 介

本书基于委托代理、网络治理和"元治理"理论，从内容和关系两个维度对进入21世纪以来英国学徒制的改革政策和发展现状进行了系统研究，提出了英国学徒制治理新体系的内涵、特征、相关者关系协调的工具和过程，以及借鉴英国经验，建设中国特色现代学徒制治理体系的具体建议。

版权专有　侵权必究

图书在版编目（CIP）数据

英国学徒制治理新体系研究／刘育锋著.—北京：北京理工大学出版社，2019.11

ISBN 978-7-5682-7924-6

Ⅰ.①英… Ⅱ.①刘… Ⅲ.①职业教育—学徒—教育制度—研究—英国 Ⅳ.①G719.561.2

中国版本图书馆 CIP 数据核字（2019）第 253415 号

出版发行／北京理工大学出版社有限责任公司

社　　址／北京市海淀区中关村南大街5号

邮　　编／100081

电　　话／（010）68914775（总编室）
　　　　　（010）82562903（教材售后服务热线）
　　　　　（010）68948351（其他图书服务热线）

网　　址／http：//www.bitpress.com.cn

经　　销／全国各地新华书店

印　　刷／定州市新华印刷有限公司

开　　本／787毫米×1092毫米　1/16

印　　张／13　　　　　　　　　　　　　　　　责任编辑／陆世立

字　　数／302千字　　　　　　　　　　　　　　文案编辑／陆世立

版　　次／2019年11月第1版　2019年11月第1次印刷　责任校对／周瑞红

定　　价／69.00元　　　　　　　　　　　　　　责任印制／边心超

图书出现印装质量问题，请拨打售后服务热线，本社负责调换

前 言

2014年以来，我国教育部、人力资源和社会保障部，以及国家发展和改革委员会颁布了一系列文件，分别实施了"现代学徒制"、"新型学徒制"和"双元培育"试点工作。2018年和2019年，《人力资源和社会保障部 财政部关于全面推行企业新型学徒制的意见》和《教育部办公厅 关于全面推进现代学徒制工作的通知》分别发布，提出全面推行学徒制要求。顺利推行学徒制，需要构建中国特色现代学徒制治理体系，以明确学徒制相关各方各自职责、之间关系、建立关系的制度与工具等问题。

英国学徒制治理新体系的内涵和特征主要体现在委托-代理关系和治理网络的形成，以及政府在"元治理"中主体作用的发挥方面。

（1）通过设立代理人资格制度、完全契约和不完全契约的使用，以及监控环节的设置，英国学徒制相关者之间形成了广泛的委托-代理关系，克服了"逆向选择"并避免了"道德风险"问题。英国形成了相互关联又各有侧重的政策、需求、供应、质量保障和综合服务等学徒制治理网络，依据性质和任务不同采用不同的网络治理模式，使各网络成员之间能够互动、交换，为实现各自目标和共同目标而共同努力。

（2）通过使用学徒标准开发者的标准、学徒制局战略和学徒制税制度等政策工具，干预学徒制资格市场混乱和雇主参与不积极等失灵的市场，英国政府发挥了其在"元治理"中的主体功能。

（3）英国学徒制治理新体系的内涵和特征还体现在协调学徒制治理体系相关者关系的工具和过程方面。通过保障学徒权益、吸纳相关者观点，治理碎片化机构以及设立学徒制周，提高社会对政府发展学徒制目标的认可度；通过政策咨询、公布信息等的制度安排，体现了治理的互动与透明性；通过建设服务平台，使学徒制供需双方能够对接上。

英国学徒制治理新体系的一些经验和做法，是治理理论在学徒制决策和执行过程中的具体体现，反映了治理理论的合理内容和发展走向，值得我国深入研究。同时，英国学徒制治理新体系形成过程中也曾出现过问题，亦需高度关注。

基于我国国情和相关基础，借鉴英国学徒制治理新体系建设的可行经验，构建具有中国特色的现代学徒制治理体系是很有必要的。

（1）体现政府在"元治理"中的主体功能，发挥国务院职业教育部际联系会议制度作用，协调不同部委在学徒制方面的职责和政策，明确学徒制的内涵及其基本属性。

（2）形成多元化的学徒制治理网络，在现有政策基础上研究并发布具体且可操作的激励政策，使企业成为学徒制治理的真正一元。依据学徒制需求培育政府的非行政专业机构，并注重发挥全国行业职业教育教学指导委员会的作用；提升质量，培育网络成员资源，明确学徒制治理相关者职责，使网络成员之间具有互动、交流的基础，形成不同类型的治理网络。

（3）推行学徒制执行机构资格制度，通过契约形成广泛的委托-代理关系。

学徒制改革与发展是世界多国提升职业教育与培训供应和劳动力市场需求匹配度的重要举措。基于本国国情，一些国家采取了一系列举措，形成了不同的学徒制治理体系与模式。需要在综合考虑历史、文化、技术、教育、人口、制度等因素的基础上，借鉴包括德国、英国、澳大利亚等在内的不同国家不同模式的相关经验，形成具有中国特色的学徒制治理体系。

编者

目 录

第1章 绪 论 ··· 1
    1.1 问题提出 ··· 2
    1.2 研究综述 ··· 8
    1.3 概念界定 ··· 15
    1.4 研究范围 ··· 28
    1.5 研究方案 ··· 28
    1.6 难点与创新点 ··· 33

第2章 英国学徒制治理新体系研究的理论基础 ················ 34
    2.1 理论基础 ··· 34
    2.2 治理理论 ··· 36

第3章 英国学徒制治理新体系研究：基于内容的分析 ······ 55
    3.1 英国学徒制改革政策研究 ·· 56
    3.2 英国学徒制委托-代理关系研究 ································ 69
    3.3 英国学徒制网络治理研究 ·· 81
    3.4 英国学徒资格的"元治理"研究 ································ 94

第4章 英国学徒制治理新体系研究：基于关系的分析 ······ 104
    4.1 相关者多元与治理目标一致性的达成 ······················· 104

4.2 市场失灵与政府功能发挥 …………………………………… 114

4.3 多方互动，体现透明性与回应性 …………………………… 118

4.4 建设数字服务平台，对接供需双方 ………………………… 124

第 5 章 中英学徒制治理体系比较分析 …………………………… 126

5.1 21 世纪中国学徒制试点政策概述 …………………………… 126

5.2 中英学徒制治理体系比较 …………………………………… 137

5.3 英国学徒制治理体系构建中几个值得关注的问题 ………… 147

第 6 章 结论与启示 ………………………………………………… 150

6.1 结论 …………………………………………………………… 151

6.2 启示 …………………………………………………………… 158

第 7 章 借鉴英国经验建设中国特色现代学徒制治理体系 ……… 161

7.1 总体思路 ……………………………………………………… 161

7.2 具体建议 ……………………………………………………… 164

结　语 ………………………………………………………………… 173

附　录 ………………………………………………………………… 175

参考文献 ……………………………………………………………… 189

致　谢 ………………………………………………………………… 199

第 1 章
绪 论

学徒制试点工作是我国政府高度关注的职教改革内容。《教育部关于开展现代学徒制试点工作的意见》自 2014 年发布以来，包括教育部、人力资源和社会保障部，以及国家发展和改革委员会在内的三大国家级政府部门都已发文进行相关试点工作。在取得一定成果的同时，也存在若干问题，学徒制试点工作没有建立完善的治理体系是这些问题存在的重要原因之一。

近年来，英国对学徒制进行了持续改革，以满足雇主、学徒和社会的需求。2015 年英国政府在《英国学徒制：我们的 2020 愿景》中提出到 2020 年要实现 300 万新学徒的目标[①]。为实现这一目标，英国采取了重大举措，包括执行学徒制税、设立学位学徒制、建立学徒制局（学徒制和技术教育局）和执行开拓者项目等，尤其是 2017 年英国教育部发布的《学徒制问责声明》[②]，明确了与学徒制改革发展相关部门的职责，形成了政府、执行机构、专业机构

---

① HM Government. English Apprenticeships: Our 2020 Vision [Z]. London: HM Government, 2015: 9.
② Department for Education. Apprenticeship Accountability Statement [Z]. London: Department for Education, 2017.

等在内的英国学徒制治理网络，标志着英国形成了学徒制治理新体系。

英国在形成学徒制治理新体系过程中所形成的一些事实和经验，如英国学徒制治理新体系中治理主体包括的内容；企业参与学徒制的激励机制及形成方式；政府在学徒制治理新体系中发挥的功能；学徒制满足雇主和学徒需求的方法；以及学徒制治理新体系建立后发挥的功能等。在这些事实和经验中，有哪些成功的经验值得我国借鉴，有哪些失败的教训值得我国关注？要回答这些问题，就有必要对英国学徒制治理新体系进行深入研究。

1.1 问题提出

2014年以来，我国教育部、人力资源和社会保障部，以及国家发展和改革委员会颁布了一系列文件，分别实施了"现代学徒制""新型学徒制"和"双元培育"试点工作。

1.1.1 国家要求试点与推行学徒制

在教育部、人力资源和社会保障部，以及国家发展和改革委员会正式启动了试点工作之后，2017年发布的《国务院办公厅关于深化产教融合的若干意见》进一步提出"推进产教协同育人"，要求推行学徒制。

1.1.1.1 教育部

2015年、2017年和2018年，教育部分别遴选了三批共562家单位作为现代学徒制试点单位，其中地区20个、企业17家、高等职业院校410所、中等职业院校94所、行业21家，具体内容见表1-1。现代学徒制试点于2015年、2017年和2019年被列入教育部年度工作要点，一些政策性文件也倡导开展现代学徒制工作①。为使试点单位更好地贯彻落实试点方案要求，教育部组建了"现代学徒制工作专家指导委员会"。

表1-1 教育部现代学徒制三批试点单位统计表②

试点单位	第一批	第二批	第三批	合计
试点地区	17	2	1	20
试点企业	8	5	4	17
试点高等职业院校	100	154	156	410
试点中等职业学校	27	38	29	94
行业试点牵头单位	13	4	4	21
合计	165	203	194	562

1.1.1.2　人力资源和社会保障部

2015年，人力资源和社会保障部发布"企业新型学徒制试点工作方案"，在北京、天津、内蒙古等地开展试点工作。各省、市、区的试点单位为3~5家大中型企业，每家企业选拔学徒100人左右。在第一批试点工作基础上，人力资源和社会保障部与财政部办公厅于2016年联合发布"关于开展第二批企业新型学徒制试点工作的通知"（人社厅发〔2016〕112号），将河北省等10个省（区、市）纳入第二批试点范围。2018年，人力资源和社会保障部与财政部两部门联合发文，要"全面推行企业新型学徒制"③。

1.1.1.3　国家发展和改革委员会

2015年9月，国家发展和改革委员会联合三部门发布了"老工业基地产业

---

① 教育部. 教育部关于印发《高等职业教育创新发展行动计划（2015—2018年）》的通知：教职成〔2015〕9号［EB/OL］.（2015-10-21）［2017-03-28］. http：//www.moe.gov.cn/srcsite/A07/moe_737/s3876_cxfz/201511/t20151102_216985.html.
② 此表由作者依据文件内容制作。
③ 中华人民共和国人力资源和社会保障部. 人力资源和社会保障部 财政部关于全面推行企业新型学徒制的意见：人社部发〔2018〕66号［EB/OL］.（2018-10-12）［2019-05-24］. http：//www.mohrss.gov.cn/gkml/zcfg/gfxwj/201810/t20181024_303482.html？keywords=.

转型技术技能人才双元培育改革试点方案"。2016年5月，在自愿申报、专家评审的基础上，确定了东北三省和内蒙古自治区共15个城市为首批双元培育改革试点城市①。国家发展和改革委员会希望这一试点聚焦体制机制障碍的突破。

1.1.2 学徒制/双元培育试点面临的问题

现代学徒制、新型学徒制和双元培育改革试点项目启动后，普遍存在企业参与试点不积极的问题。

1.1.2.1 "双元培育"试点问题

在2016年12月对"双元培育"试点评估的过程中，15个试点城市中有11个城市在自查报告中提出，企业参与试点不积极②。导致这一问题的原因有很多，归纳起来包括以下几个方面：

（1）企业投入成本高，有限的税收优惠政策无法补偿企业提供公益性学徒岗位额外增加的成本支出。

（2）企业对职教的认可度不高，认为职业院校的学生成绩差、素质低。

（3）企业在用人方面有拿来主义思想，缺乏长远人才战略规划。

（4）缺乏法规和制度保障，院校仅靠感情和人脉关系来维系合作。

（5）部分企业具有与职业院校合作开展试点的意愿，但是对于自身在双元培育中承担的责任认识不清。

（6）企业封闭现有的技术资源和实践教学资源，技术骨干和能手不愿参与院校教学指导，师带徒积极性不高。

为此，很多企业不愿意过多地参与人才培养过程和承担相应的责任与义务，院校与企业的合作还存在一头热一头冷的现象，"双主体"变成"单主体"，双元变成单元，见表1-2。

---

① 国家发展和改革委员会.关于公布首批老工业基地产业转型技术技能人才双元培育改革试点城市名单的通知：发改办振兴〔2016〕1171号［EB/OL］.（2016-05-06）［2019-04-01］.http：//www.ndrc.gov.cn/gzdt/201605/t20160516_801739.html.

② 资料来源：国家发展和改革委员会双元培育试点城市自查材料。

表 1-2 "双元培育"试点城市不积极参与职教情况统计表①

城市	企业参与职教情况			原因
	不积极	积极	未提及	
沈阳	√			1. 双元制培养学生成本相对较高； 2. 德资企业对我市职教理念、教学模式以及管理能力认可度不高
盘锦			√	
本溪			√	
鞍山	√			1. 个别企业，特别是东北企业用人方面的拿来主义思想比较严重； 2. 部分企业育人意识不强，经验不足
长春	√			1. 院校与企业的合作存在一头热一头冷的现象，职业院校与企业合作更多的还是依靠沟通、协调，缺乏法规和制度的保障，校企合作的深度和广度需要进一步深化和拓展； 2. 劳动人事制度将学历作为就业和选才的主要标准； 3. 企业不执行就业准入制度和职业资格证书制度； 4. 职业院校招生批次排在最后，社会普遍认为职业院校学生成绩差、素质低
吉林市	√			1. 吉林市企业，尤其是私营企业成规模的不多； 2. 企业缺乏长远人才战略； 3. 有限的税收优惠政策无法补偿企业提供公益性学徒岗位额外增加的成本； 4. 校企双赢机制还没有形成
辽源	√			1. 企业对于双元制的认识不到位； 2. 部分企业具有与职业院校合作开展试点的意愿，但是对于自身在双元制中承担的责任认识不清，对于双元制招生政策没有深入理解； 3. 缺乏与学校联合实施双元培养的主动性，存在学校热、企业冷的倾向； 4. 企业参与培养学生的成本和周期比较长，企业觉得不划算
哈尔滨			√	
齐齐哈尔			√	
大庆	√			

---

① 此表由作者依据国家发展和改革委员会双元培育试点城市自查材料制作。

续表

城市	企业参与职教情况			原因
	不积极	积极	未提及	
佳木斯	√			双元改革出现一头热一头冷局面，院校和企业双主体作用很难发挥，"双主体"变成"单主体"，双元退化成单元： 1. 企业停留在坐享其成接收院校毕业生层面上； 2. 院校仅靠感情和人脉关系来维系合作，无制度保障； 3. 部分企业生产技术含量低，高技能人才需求量少，招工层次和标准相对较低，农民工所占比重较大，招生即招学徒很难进行； 4. 企业封闭现有的技术资源和实践教学资源，技术骨干和能手不愿参与院校教学指导，师带徒积极性不高
牡丹江	√			经济下行，企业发展压力增加
通辽	√			政策保障机制还没有形成，企业参与的动力不足、积极性不高
呼伦贝尔	√			部分企业积极性不高
赤峰	√			企业参与的积极性不高，大部分企业不愿意过多的参与人才培养过程和承担相应的责任和义务
合计	11	0	4	

1.1.2.2 教育部试点问题

教育部试点城市在试点过程中也遇到一系列问题，主要包括以下几项：

（1）部分学校和企业积极性不高或积极性有所下降，行业参与试点工作主动性不足。

（2）学校和相关企业之间缺少纽带，导致校企之间仍处于分离状态。

（3）学徒权益无法保障。学生的权益，包括医疗、工伤保险等无法得到有效保障。

（4）学生"顶岗实习"期间教学随意性大[①]。

试点城市在学徒制试点自评报告中提出，导致以上问题的原因有多个方面，包括认识上的问题和优质资源不足等，其中最重要的原因是：现代学徒制所需

---

① 作者在分析教育部第一批试点机构自评报告的基础上得出的结论。

的政策环境尚未形成，缺乏国家层面的顶层设计。这一问题导致责任主体模糊，企业参与人才培养的责权利不清晰；政府统筹协调力度不够，试点相关各方没有形成合力，相关资源不能有效统筹；政府对企业参与职业教育缺少激励机制；人才培养的质量保障体系还不够健全等。城市现代学徒制试点所面临的以上问题，涉及学徒制相关者及其关系，其实质是一个治理的问题。

1.1.2.3 对学徒制试点问题的分析与判断

我国现代学徒制试点及"双元培育"试点所存在的问题，其实质是一个治理问题，表现在以下方面：

（1）一些企业有与职业院校合作开展试点的意愿，但是对于自身在现代学徒制或"双元培育"中承担的责任并不清楚。这一问题的实质是企业不明确自己在学徒制或"双元培育"中的定位问题。

（2）学校和相关企业之间缺少纽带，导致校企之间仍处于分离状态。这一问题的实质是学徒制相关者之间没有形成网络。

（3）有限的税收优惠政策无法补偿企业提供公益性学徒岗位额外增加的成本，企业对职业教育的认可度不高。这个问题的实质是职业院校缺乏能够吸引企业的资源。

（4）学徒权益无法保障，学生"顶岗实习"期间教学随意性大。这一问题的实质是缺乏制度法规的保障，是政府作为治理主体没有很好发挥元治理的功能问题。

1.1.3 英国近年来学徒制改革及成果

英国作为世界上第一个工业化国家，学徒制有着悠久的历史。在经过快速发展阶段后，在20世纪90年代，英国学徒制面临挑战。面对这一问题，英国于1993年推出了现代学徒制。此后，尤其在21世纪后，英国政府颁布了一系列政策法规，实施了一系列改革举措，使英国学徒制快速发展，英国每年新注册的学徒人数呈现上升趋势。"从2005/2006年度的17.5万上升至2015/2016年度的50.94万"①，十年间增长了近2倍，受到学徒制相关各方的高度认可和欢迎。

笔者设想，英国近年来对学徒制改革所取得的成果是英国学徒制治理新体系构建的结果。因为改革的目的，主要在于激发雇主参与，明确相关各方职责，满足雇主、学徒和政府等多方面需求，这即是学徒制治理体系的有关内容。

在进一步查找有关文献的基础上，笔者发现，在改革现代学徒制的过程中，英国政府利用政策和经济优势，设计并执行了雇主主导的开发学徒制标准的"开拓者小组"项目，成立了雇主主导的学徒制局，颁布了《学徒制问责声明》，实施了学徒制税等改革举措，形成了政府主导、雇主位于学徒制"驾驶席"上、相关各方互相配合，为实现英国提出的到2020年新学徒达到300万的目标而共同努力的学徒制治理新体系。这一发现验证了笔者的设想，但笔者并不清楚英国学徒制治理新体系的具体表现、运作过程，以及对我国学徒制试点可供借鉴的经验。

为此，笔者在国内外有关网站上进行了查找，发现研究英国学徒制治理的文献资料非常少，2000年以后的资料则更少。

基于以上的内容，笔者认为，有必要深入系统地研究2000年以来的英国学徒制治理体系，为我国学徒制试点与推广的制度建设提供理论和政策借鉴依据。

1.2 研究综述

为了了解"英国学徒制治理新体系"的有关研究成果，笔者对中国知网（CNKI）、伦敦大学学院（UCL）图书馆和欧洲职业培训发展中心（CEDEFOP）的资料进行了收集、整理和分析。总体说来，国内外关于这一专题的直接研究成果数量很少，但存在一些与学徒制治理相关的成果。

---

① 刘育锋. 英国学徒制改革政策分析 [J]. 中国职业技术教育，2017（18）：13.

1.2.1 现有成果

1.2.1.1 国内成果

2017年7月1日,在中国知网的网站中以不同名称为主题进行精确搜索,结果如下:

(1) 以"英国学徒制治理新体系"为主题进行精确搜索,结果为零。

(2) 以"英国学徒制治理"为主题进行模糊搜索,结果为1,即陈靖于2016年发表的硕士论文《英国现代学徒制研究——基于利益相关者视角》。

(3) 以"学徒制治理"为主题进行精确搜索,结果为22。例如,王辉等人的《探索学徒制与高等职业教育相联系的美国经验与启示》[1],潘海生等人的《社会主体有效参与的爱尔兰现代学徒制的嬗变与启示》[2],多淑杰的《我国企业参与职业教育的制度困境与突破——兼论德国现代学徒制发展与启示》[3],贾旻的《行业协会参与现代职业教育治理研究》[4],周柳的《基于利益相关者视角的现代学徒制研究》[5],张建国的《论学徒制职业教育的制度意蕴》[6],以及吴学峰和徐国庆的《职业教育现代学徒制发展的路径选择——一个制度分析的视角》[7]等。

(4) 一些研究虽然不是以学徒制治理为主题,但其研究内容与学徒制治理相关。如关晶的《西方学徒制研究——兼论对我国职业教育的借鉴》[8],关晶和石伟平的《现代学徒制之'现代性'辨析》[9],以及肖凤翔和贾旻的《行业协会

---

[1] 王辉,柳靖,王玉苗. 探索学徒制与高等职业教育相联系的美国经验与启示 [J]. 外国教育研究,2017,44 (4):90-102.
[2] 潘海生,王宁. 社会主体有效参与的爱尔兰现代学徒制的嬗变与启示 [J]. 外国教育研究,2016,43 (11):3-15.
[3] 多淑杰. 我国企业参与职业教育的制度困境与突破——兼论德国现代学徒制发展与启示 [J]. 中国职业技术教育,2016 (24):5-10.
[4] 贾旻. 行业协会参与现代职业教育治理研究 [D]. 天津:天津大学,2016.
[5] 周柳. 基于利益相关者视角的现代学徒制研究 [D]. 广州:广东技术师范学院,2016.
[6] 张建国. 论学徒制职业教育的制度意蕴 [J]. 职业技术教育,2015,36 (7):23-28.
[7] 吴学峰,徐国庆. 职业教育现代学徒制发展的路径选择——一个制度分析的视角 [J]. 江苏高教,2017,(4):94-98.
[8] 关晶. 西方学徒制研究——兼论对我国职业教育的借鉴 [D]. 上海:华东师范大学,2010.
[9] 关晶,石伟平. 现代学徒制之"现代性"辨析 [J]. 教育研究,2014 (10):97-102.

参与现代职业教育治理的机理、困境和思路》① 等。

1.2.1.2 国外成果

2017年7月1日，笔者在伦敦大学学院、欧洲职业培训发展中心等机构的网站中进行不同方式的搜索发现，"英格兰学徒制治理"的研究为空白；"学徒制治理"的直接成果很少，但有一些相关成果。具体情况如下：

1. 与"英国学徒制治理"主题直接相关的研究成果

在伦敦大学学院图书馆的网站中，输入"UK apprenticeship governance"，any title，结果为"0"；输入"Apprenticeship governance"，any title，结果也为"0"。

2. 与"英国学徒制治理"主题间接相关的研究成果

以"UK apprenticeship governance"为主题在伦敦大学学院图书馆的网站中进行以英语呈现的成果的搜索，发现一些文章与"学徒制治理"主题相关。如 Felix Rauner 和 Wolfgang Wittig 的 *Differences in the Organisation of Apprenticeship in Europe: findings of a comparative evaluation study*②, Dina Kuhlee 的 *Federalism and corporatism: On the approaches of policymaking and governance in the dual apprenticeship system in Germany and their functioning today*③, Tina Freyburg 的 *Transgovernmental Networks as an Apprenticeship in Democracy? Socialization into Democratic Governance through Cross-national Activities*④。一些专著中也包含有学徒制治理的内容，如 "Rediscovering Apprenticeship"⑤, The Architecture of Innovative Apprenticeship⑥等。

---

① 肖凤翔，贾旻. 行业协会参与现代职业教育治理的机理、困境和思路 [J]. 西南大学学报：社会科学版，2016, 42 (4): 84-91.
② Felix Rauner, Wolfgang Wittig. Differences in the Organisation of Apprenticeship in Europe: findings of a comparative evaluation study [J]. Research in Comparative and International Education, 2010, 5 (3): 237-250.
③ Dina Kuhlee. Federalism and corporatism: On the approaches of policymaking and governance in the dual apprenticeship system in Germany and their functioning today [J]. Research in Comparative & International Education 2015, 10 (4): 476-492.
④ Tina Freyburg. Transgovernmental Networks as an Apprenticeship in Democracy? Socialization into Democratic Governance through Cross-national Activities [J]. International Studies Quarterly, 2015 (59): 59-72.
⑤ Felix Rauner, Erica Smith. Rediscovering Apprenticeship Research Findings of the International Network on Innovative Apprenticeship [M]. Dordrecht: Springer Science+Business Media B. V, 2010.
⑥ Ludger Deitmer, Ursel Hauschildt. The Architecture of Innovative Apprenticeship [M]. Berlin: Springer, 2013.

在欧洲职业培训发展中心的网站中，对"Publications"进行"apprenticeship governance"的英文成果搜索，发现一个专门的研究报告，即 Governance and financing of apprenticeships[①]。

1.2.2 现有成果分析

通过对国内外有关研究成果的梳理可以发现，从治理的角度对英国学徒制进行的专门研究很少，但关于学徒制治理的研究有一定的成果（见附录1）。这些成果为开展英国学徒制治理新体系的研究奠定了一定的基础。

1.2.2.1 对英国学徒制治理的研究

有研究者从利益相关者视角，以历史为逻辑线索，对英国传统学徒制和现代学徒制的学徒、师傅、政府和行业协会等利益相关者之间的关系及其变化进行了较为系统的梳理，总结了英国现代学徒制发展的成果，提出了英国现代学徒制发展的"雇主核心地位的确立""利益相关者的均衡发展""对中小企业利益的关注"，以及"注重英语和数学水平的提升"的趋势，并结合我国实施的学徒制现状，提出了英国现代学徒制对我国职业教育发展的借鉴意义[②]。

1.2.2.2 对学徒制治理的专门研究

部分文献显示，一些学者对有关研究成果从治理或制度的角度，使用比较研究的方法，对学徒制治理有关问题进行了研究。

欧洲职业培训发展中心有一个关于学徒制治理的专门研究。该研究使用统一的治理结构和经费安排框架，对西班牙、意大利、拉脱维亚、葡萄牙和瑞典五国的学徒制或"双元制"的治理和经费问题进行了比较，从相同的法律框架、战略和运行职能的分配、机构的参与或整合、质量保证和发展战略，以及平衡结果与投入导向等维度来界定学徒制治理模式，并进而提出这一模式的理想标

---

① Cedefop. Governance and financing of apprenticeships [EB/OL]. (2016-07-17) [2017-03-27]. http://dx.doi.org/10.2801/201055.
② 陈靖. 英格兰现代学徒制研究——基于利益相关者视角 [D]. 杭州：杭州师范大学，2016.

准,即高度协调和一致性、国家和地方各级之间的功能平衡分布、利益相关者参与的包容性,以及持续不断创新等。① Felix Rauner 和 Wolfgang Wittig 依据一致性和投入产出两个维度,对奥地利、丹麦、德国和瑞士的"双元制"治理问题进行了比较研究,提出支离投入控制、协调投入控制、支离产出控制和协调产出控制四种治理类型。②

有学者从治理的角度,对作为学徒制利益相关者之一的行业协会进行了研究。肖凤翔和贾旻提出,行业协会成为职业教育治理主体即是职业教育的诉求,同时也是行业协会自身的诉求。行业协会参与现代职业教育治理的目的是"实现职业教育公共利益最大化",行业协会"以决策咨询、管理与服务的形式参与现代职业教育治理",治理主要通过"网络型结构与网络化治理"方式进行。在以上观点的基础上,该研究对我国"行业协会参与现代职业教育治理的困境"的原因进行了分析,认为我国行业协会存在"参与动力不足,组织能力偏弱""专门责任机构缺乏,参与管理无序",以及"有效参与治理职能未充分彰显"等问题。该研究在这些基础上提出了"明确职业教育治理理念,强化行业协会的责任意识""提升决策咨询、管理与服务效能"等思路。③

有学者从制度的角度对学徒制进行了研究。这一研究认为,"学徒制职业教育中制度的实践形态"包括"契约组合的实践形态",校企和师徒等不同主体间"相互联系、相互作用的动态性机制的形态",以及"不同组织框架形成的结构性体制的形态";提出学徒制的"强制性""中介性""系统性"特征,进而提出"系统构建学徒制职业教育的制度体系,增加制度供给""构建和形成现代学徒制长效运行的体制和机制",以及"建设和完善推进学徒制职业教育的相关制度环境"等"以制度理念和方式推进现代学徒制在我国的试点"的建议。④ 吴学峰和徐国庆从制度理论的角度,对我国学徒制的发展问题进行了分析。提出

---

① Cedefop. Governance and financing of apprenticeships [EB/OL]. (2016-07-17) [2017-03-27]. http://dx.doi.org/10.2801/201055.
② Felix Rauner, Wolfgang Wittig. Differences in the Organisation of Apprenticeship in Europe: findings of a comparative evaluation study [J]. Research in Comparative and International Education, 2010, 5 (3): 237-250.
③ 肖凤翔,贾旻. 行业协会参与现代职业教育治理的机理、困境和思路 [J]. 西南大学学报:社会科学版, 2016, 42 (4): 84-91.
④ 张建国. 论学徒制职业教育的制度意蕴 [J]. 职业技术教育, 2015, 36 (7): 23-28.

"正式规则缺失、制约性规范缺位是当前制约我国现代学徒制发展的主要障碍"。为此，需要"积极进行制度规则的尝试性建设"。① 赵志群和陈俊兰从制度角度对我国学徒制的发展状况进行分析后提出，我国存在"外在制度的学徒制"和"内在制度的学徒制"。我国行政部门、院校和企业在推行作为国际现代学徒制建设的核心理念的"校企合作的人才培养模式"方面做出了努力，但企业"参加校企合作的积极性不高"，因为"缺乏落实相关政策的具体措施""企业难以承担学生顶岗实习的安全风险""职业院校人才培养水平达不到企业用人要求"等。在基于国际经验与事实的基础上，提出需要深入探索，建立现代学徒制的"新型的、规范化的运作机制"等建议。②

学徒制比较研究的一些成果也涉及学徒制治理的内容。有学者使用历史比较和国际比较的方法，对英国和德国学徒制不同阶段的背景、组织管理、教学实施和效果进行了系统深入的分析。其中，学徒制的组织管理包括学徒制覆盖领域、学徒制合同、利益相关者、监督管理、师徒关系等方面内容③。关于现代学徒制的"现代性"研究，也涉及学徒制治理的内容。关晶和石伟平提出，学徒制的"现代性"体现为"功能目的从重生产性到重教育性""教育性质从狭隘到广泛"；此外，这一"现代性"还体现在国家立法、设立专门的统筹机构、学徒标准开发与培训的规范制度的设置等。④ 有的研究对一些国家的学徒制内容进行了介绍与内容梳理，有文章介绍了21世纪初瑞士为解决学徒制"囚徒困境"而采取的措施，包括：建立稳定的现代学徒制治理体系、发挥行业协会的重要作用、建立成本共担机制、健全现代学徒制法律制度等。⑤ 有的研究对爱尔兰后金融危机时期现代学徒制体系的变革进行了梳理，介绍了爱尔兰改组学徒制系统组织管理体系、搭建服务平台、完善经费机制等经验⑥。有的研究对德国

---

① 吴学峰，徐国庆. 职业教育现代学徒制发展的路径选择——一个制度分析的视角 [J]. 江苏高教，2017 (4)：94-98.
② 赵志群，陈俊兰. 我国职业教育学徒制——历史、现状与展望 [J]. 中国职业技术教育，2013 (18)：9-13.
③ 关晶. 西方学徒制研究——兼论对我国职业教育的借鉴 [D]. 上海：华东师范大学，2010.
④ 关晶，石伟平. 现代学徒制之"现代性"辨析 [J]. 教育研究，2014 (10)：97-102.
⑤ 黄蘋，黄光芬. 瑞士现代学徒制中"囚徒困境"的解决方案及启示 [J]. 云南行政学院学报，2017 (3) 142-147.
⑥ 潘海生，曹星星. 爱尔兰经验：后金融危机时期现代学徒制体系的变革 [J]. 职教论坛，2016 (11)：84-90.

的学徒制的投资成本共担制度、集体谈判制度，以及多方参与协同治理制度进行了介绍。① Erica Smith 利用自己及同事近 5 年来的研究项目成果，来检查澳大利亚学徒制相关机构的功能。他系统介绍了澳大利亚联邦政府、州政府、集团培训公司（GTCs）、澳大利亚新学徒制中心（NACs）、注册培训机构（RTOs）、工作网络提供者、行业技能委员会（ISCs），以及雇主和学徒在学徒制中的职责。②

此外，有些研究虽然没有直接针对学徒制内容，但涉及职业教育治理的问题。例如，和震在《建立现代职业教育治理体系推动产教融合制度创新》一文中提出，要"从建立现代职业教育治理体系的高度，开展职业教育产教融合、校企合作制度的顶层设计"。针对我国职业教育存在的问题，如体制机制不畅、承担和参与主体缺位、相关制度不匹配、政策措施不协调，以及发展动力不足等问题，提出要借鉴国际比较经验中的"研究职业教育的多元治理主体的权责"和"完善的治理制度体系"等内容，并对政府与市场作用发挥、行业指导、企业主体、校企合作，以及学生实习等的现状与问题进行分析，在此基础上提出了"产教融合、校企合作制度创新"，以及探索"差异化校企合作政策"的建议。③

1.2.3 研究成果总体评价

通过对以上资料的分析发现：目前国内外对英国学徒制治理新体系的专题研究数量极少，几乎为空白；针对英国学徒制治理问题的专题研究，数量也不多，而且研究视角比较窄，仅从治理的某个角度，即利益相关者角度开展研究；研究的内容有所滞后，没有关注英国学徒制治理的新动向；对学徒制治理的研究成果数量也不多，研究对象范围较窄，也缺乏系统的治理理论支撑；现有研究提出的建议还比较宽泛，缺少针对我国学徒制试点出现的现实问题的具体建议。

---

① 多淑杰. 德国现代学徒制演变及形成的制度基础 [J]. 职业教育研究，2017（2）：71-74.
② Felix Rauner, Erica Smith. Rediscovering Apprenticeship: Research Findings of the International Network on Innovative Apprenticeship [M]. Dordrecht: Springer Science+Business Media B. V, 2010.
③ 和震. 建立现代职业教育治理体系推动产教融合制度创新 [J]. 中国职业技术教育，2014（21）：138-142.

但是，目前关于学徒制比较研究的成果以及关于学徒制治理的研究成果，为开展英国学徒制治理新体系的研究奠定了一定的内容和方法基础。

1.3 概念界定

学徒制历史悠久，但到目前还没有一个公认的定义。英国政府通过法律形式界定了学徒制的内涵，明确提出了学徒制的属性。

1.3.1 学徒制

1.3.1.1 关于学徒制的不同定义

综合有关研究，关于学徒制的定义，有如下观点：

1. 学徒制是就业和在岗培训的方法

Parkes（1979）提出，学徒制是"一种就业和在岗培训的方法"，这种方法要求雇主和受训者承担"相互关联的权利和义务"。在此，雇主的义务是教给学徒一系列技能，这种技能的覆盖面比较宽。学徒的义务是为雇主工作，其间学徒可以获得一定的工资，即培训工资。与熟练工人相比，学徒的这种工资相对较低。在这一定义中，培训的时间较长。①

2. 学徒制是使年轻人为工艺、技能、就业或职业做准备的独特方法

Singer 和 MacDonald 认为，"依附"和"时间"是学徒制独特性的具体体现。"依附"是指受训者依附特定的人员和特定的公司，"时间"是指由受训者和所依附人员或公司共同商定的时间。传统而言，依附要素体现在师傅或雇主和学徒之间的合同中，这种合同可以是正式的也可以是非正式的。合同或契约规定了师徒双方的义务。Singer 和 MacDonald 这一定义还强调学徒制的职业要

---

① David Parkes. Craft Apprenticeship in Europe, in Comparative Papers in Further Education [R]. Bristol: The Further Education College, 1979.

素，即学徒制是使年轻人为工作或职业生涯做准备而提供的培训。①

3. 学徒制是一种学习、教育或培训模式

持有这一观点的学者众多，包括 Alison Fuller、Lorna Unwin、Gelderblom、Singer 和 MacDonald 等学者。Alison Fuller 和 Lorna Unwin 于 1998 年提出，对于一些国家而言，特别是美国、英国、澳大利亚和德国，传统的学徒制概念仍然被认为是在工作中"并为工作"的一种学习模式。② Gelderblom 等人提出学徒制是"在两个本质不同的环境中进行的培训模式，由于这两种学习环境的教学整合，提供了一种剩余价值。"③ 此处的"剩余价值"是指学徒接受学徒制培训后所获得的技能和知识。在 Gelderblom 看来，这种技能和知识是一种"货币"，是一种"适销对路的商品"，因为它能够"使持有者有机会利用她/他的专长来获得经济利益"。Stephen Billett 提出，学徒制通常被视为一种"以职业准备为重点的教育模式"。同时，他强调学徒制作为一种学习模式很重要，因为学习主要通过学徒在工作中的积极参与而产生。④

4. 学徒制具有系统性、长期性特征，是对初始技能培训的正式安排

认识到不同国家对学徒制的定义不同，结合不同定义，经济合作与发展组织（OECD）于 1979 年提出，学徒制"是在公认的职业中，具有系统性、长期性特征的，是对初始技能培训的正式安排"。作为正式安排的学徒制培训必须是"可转移的和全面的"。这一培训"以企业为中心"，但"包括在一个教学机构中的教学"。作为正式安排的学徒制涉及合同问题，即受训者及其法定代表人与私人或公共雇主，以及联合培训委员会之间的合同。"正式安排"的另外一种表述为"结构化"。在经济合作与发展组织 2017 年的一份工作报告中，Kuczera 提出"学徒制是一种结构化的工作和培训混合"，包括工作实习和离岗教育与培训。在此，工作实习是指学徒"开发新技能并执行生产性工作"，而离岗教育和

---

① Singer E J, MacDonald I D. Is Apprenticeship Outdated？[J]. Institute of Personnel Management, 1970.
② Fuller A, Unwin L. Reconceptualising Apprenticeship: exploring the relationship between work and learning [J]. Journal of Education and Tralning. 1998, 50 (2): 154.
③ Gelderblom A, de Koning J, Stronach J. The Role of Apprenticeship in Enhancing Employability and Job Creation: Final Report [R]. Rotterdam: Netherlands Economic Institute for the European Commission, 1997.
④ Stephen Billett. Apprenticeship as a mode of learning and model of education [J]. Education +Training, 2016, 58 (6): 613-628.

培训不涉及或涉及有限的生产性工作，这种培训"通常主要由公共当局资助和管理（例如职业学校、学院、认可教育和培训提供者所提供的教育和培训）"。

5. 学徒制是一个系统或制度

《经济学词典》一书提出，学徒制是"一种制度"，这种制度是"公司对所雇佣的工人（通常是年轻人，即学徒）在雇佣的初期阶段提供部分时间培训的制度"。这种培训通过正式的课程，包括公司内外培训。培训期间，学徒在有经验的工人的监督下在工作中学习。培训结束后，学徒获得正式职业资格证书。培训期间学徒有工资，但这种工资常低于合格的工人。培训结束时不保证学徒有工作。[1] Alison Fuller 和 Lorna Unwin 深化了自己的学徒制是一种学习模式的观点。在分析有关典型文献后，他们提出"学徒制仍是许多国家职业教育与培训（VET）体系的一个充满活力的部分"，因为"学徒制概念正以不同的方式演变，以回应社会、政治和经济的挑战"。在以前观点的基础上，2011年他们提出"学徒制既是政府政策的工具，又是民族国家职教体系内的一种制度"，这种制度"必须满足包括国家、雇主、工会、个体和社会等劳动力市场机构在内的一系列利益相关方的需要"。[2]

6. 学徒制是系统的长期培训

欧洲职业培训发展中心于2014年提出，学徒制是"在工作场所和教育机构或培训中心交替进行的系统的长期培训"。这种培训以合同为基础。培训期间，学徒"接受报酬（工资或补贴）"，而雇主则对学徒进行培训。培训结束后，学徒能够就业。[3]《不列颠百科全书》（1999年）将学徒制定位为"根据一种规定有师徒关系、训练年限和条件的合法契约进行的技艺、职业或手艺训练"[4]。

此外，还有学者将学徒制视为一种课程。Ryan 和 Unwin 提出，现代学徒制

---

[1] John Black, Nigar Hashimzade, Gareth Myles. A Dictionary of Economics [M]. 3th ed. London: Oxford University Press, 2009.
[2] Alison Fuller, Lorna Unwin. Apprenticeship as an evolving model of learning [J]. Journal of Vocational Education & Training, 2011, 63（3）: 261.
[3] CEDEFOP. Terminology of European education and training policy [M]. 2th ed. luxembourg: Publications office of the european union, 2014: 25-26.
[4] 不列颠百科全书公司. 不列颠百科全书（第1卷）[M]. 北京: 中国大百科全书出版社, 1999.

应该是"一种结构化的职业准备课程（programme）"，这种课程"由雇主赞助"等。①

1.3.1.2 学徒制定义内涵分析

分析以上内容发现，尽管学徒制没有统一的定义，但学徒制的属性有很多相同内容，这些内容规定了学徒制的本质属性。

不同学者和组织定义学徒制的角度不同，侧重点也不同。有学者从微观视角，将学徒制定义为方法。如 Parkes 认为学徒制是"一种方法"，Singer 和 MacDonald 认为是"一种独特方法"。有从宏观视角将学徒制定义为一种制度，如《经济学词典》的观点。也有观点认为学徒制是"一种模式"和"一种正式安排"，如 Alison Fuller、Lorna Unwin、Gelderblom 等学者的观点，以及经济合作与发展组织等的观点。尽管学徒制定义多有不同，但学徒制的属性有很多相同的方面，归纳以上内容，这些相同属性主要体现在以下三个方面：

1. "依附"性

"依附"性是众多学徒制定义中的共同内容，是学徒制的基本属性。它指学徒在一定的时间内依赖师傅或企业，强调师傅或企业与学徒在学徒制中要承担的相关责任和义务。依附内容通过合同来具体规定。

如上所述，Singer 和 MacDonald 认为，学徒制的独特性表现在"依附"要素上，即将"受训者依附于该职业特定成员或专门从事这一领域的公司的一段商定的时间"。他们还认为，依附要素体现在师傅或雇主和学徒之间的正式或非正式合同中。在 Parkes 看来，作为"一种就业和在岗培训的方法"的学徒制，雇主和受训者（学徒）要承担"相互关联的权利和义务"。经济合作与发展组织提出学徒制涉及合同问题，即"受训者及其法定代表人与私人或公共雇主，以及联合培训委员会之间的合同"。欧洲职业培训发展中心认为学徒要通过与雇主签订合同而建立与雇主的关系。Donnelly 认为，传统上学徒制概念的特点是签订了具有法律约束力的三方（雇主、雇员和父母）合同，该合同规定了在企业培训

---

① Ryan P, Unwin L. Apprenticeship in the British Training Market [J]. National Institute Economic Review, 2001: 100.

的期限（根据行业不同一般为5~7年）①。

"依附"性是学徒制能否成立的基础与前提。没有"依附"性，企业或师傅不可能作为培养或培训学徒的主体。德国和英国的学徒制都具有"依附"性，这一属性通过学徒合同而得到具体体现。"双元制"是德国对学徒制的一种称谓。在德国，接受"双元"培训的学徒要与企业签订合同，这一合同是企业和学徒必须遵循的依据。合同内容包括：职业种类、培训目的、培训起止时间及时长、规律性的每日培训时长、培训场所以外的培训、试用期、假期、生活津贴、合同的终止等②。"双元制"合同内容是约束雇主和学徒的具体规定，使学徒在培训时间内依附企业接受培训，为强化这一"依附"关系，企业或雇主需要为学徒提供学徒津贴，学徒需要"在与工作实践相结合的学习过程中，为企业创造效益"。在英国，要获得学徒资格证书，学徒和企业或雇主必须签署学徒协议。协议规定了雇主要承担如下责任：在学徒期间雇佣学徒，但不少于12个月；每周至少雇佣30小时的学徒；要保证学徒有20%的时间用于离岗学习；为学徒提供必要的设备；要与培训机构合作，安排必要的终点评估，并允许学徒参加；要确保培训提供者与雇主之间的有效工作关系，并保护学徒的利益等。而学徒则要在合同中承诺采用法律规定的形式为雇主工作。③

2. 结构化

结构化是指在企业和教学机构中正式、系统而交替进行的学徒制培训。这种培训时间较长，以企业为主，在企业和教育机构之间交替进行，目的是使学徒获得职业能力。结构化强调为实现学徒培训目标，不同学徒培训场所培训互为关联和系统设计。系统、长期、正式和交替是结构化的具体体现。

一些学者强调学徒制的结构化属性。Kuczera提出"学徒制是一种结构化的工作和培训混合"。Ryan和Unwin提出，现代学徒制是"一种结构化的职业准

---

① Donnelly E. Apprenticeship: A New Dawning [J]. Training and Development, 1994, 12 (3): 18.
② Federal Ministry of Education and Research. Reform of Vocational Education and Training in Germany [Z]. the 2005 Vocational Training Act, 2005.
③ 刘育锋, Martin Doel. 英国学徒制委托-代理关系研究 [J]. 中国职业技术教育, 2017 (30): 30.

备课程"①。一些国际组织强调学徒制的系统性。经济合作与发展组织提出学徒制是在得到认可的职业中发生，是一种正式的安排，这种安排是系统而长期的，在企业和教育与培训机构之间交替进行。② 国际劳工组织将学徒制定义为培训系统，是让年轻雇员"以学徒的身份参加一段时间的与其本职工作相关的系统培训"，"学徒要根据制定的计划进行系统学习"。国际劳工组织在20世纪60年代提出了学徒制的新特征，即学徒制培训必须以合同和职业标准为依据，这种培训是长期且系统的。《经济学词典》虽然没用结构化和系统性的词语来界定学徒制，但用了"正式"一词，提出学徒制培训要"通过正式的教学课程进行"。

包括德国和英国在内的一些国家，通过学徒制法规明确了学徒制的结构化属性。德国的《2005年职业培训法》对初始培训、继续培训和再培训进行了规定。初始培训条例部分规定了"要认定的培训职业名称"、初始培训的期限（不得超过3年，也不能短于2年）、在初始培训中应遵循的教学大纲和时间表（总培训计划），以及考试要求。③ 学徒在企业中的学习时间占学徒培训总时间的70%，而在职业学校中的学习时间占30%。企业内培训要依照培训条例中确定的企业培训标准进行。职业学校教育要以义务教育法为依据，其中职业课程占2/3，普通课程占1/3。英国政府文件中也规定了学徒制的范畴，即针对技能型职业的工作。从事这种工作需要至少12个月的持续培训，培训包括企业提供的在岗培训和学校提供的离岗培训。在岗培训以实践为主，离岗培训以理论知识教学为主，它们分别占培训总时间的80%和20%。学徒制培训的目标不是针对某一具体企业的具体工作岗位，而是针对某一职业，是培养学生从事该职业所需的能力。④ 为此，英国开发了学徒标准。在英国，学徒标准包括：列出某种职业所需的全部能力；得到包括小企业在内的雇主的支持；要有足够的时间长度，在终点评估之前至少要有一年的培训时间，其中离岗培训至少占学徒制培训时间的

---

① Ryan P, Unwin L. Apprenticeship in the British 'Training Market' [J]. National Institute Economic Review, 2001: 100.
② CEDEFOP. Terminology of European education and training policy [M]. 2th ed. luxembourg: Publications office of the european union, 2014.
③ Federal Ministry of Education and Research. Reform of Vocational Education and Training in Germany [Z]. The 2005 Vocational Training Act, 2005.
④ 刘育锋. 英国学徒制改革政策分析 [J]. 中国职业技术教育, 2017 (18): 16.

20%；与专业注册要求一致；包含最低的英语、数学和任何数字技能要求等。①

3. 为新职业做准备

学徒制以学徒获得新职业为直接目的。成功完成学徒制培训后，学徒能够获得正式职业资格以及职业生涯发展所需的能力。

虽然定义不同，但职业准备是学徒制的基本目的，一些学者和国际组织都明确提出了这一观点。Singer 和 MacDonald 将学徒制视为一种特殊方法，而这种方法是使年轻人为职业做准备的。Parkes 则将学徒制直接定义为"就业及在岗培训的方法"。欧洲职业培训发展中心将使学徒获得具体职业能力视为学徒制中学徒和雇主之间的协议内容。国际劳工组织指出，雇主和学徒的协议内容包括让年轻雇员以学徒身份"参加一段时间的与其本职工作相关的系统培训"。Ryan 和 Unwin 则直接将学徒制定义为一种"职业准备课程"。Stephen Billett 将学徒制视为一种"以职业准备为重点的"教育模式。成功完成学徒制这一职业准备过程的结果是学徒获得职业资格。正如 Kuczera 提到的"学徒制导致正式资格"，以及《经济学词典》提到的培训结束后学徒获得正式职业资格证书。

在学徒制语境下，职业准备包括两个方面内容：一是为学徒培训岗位所属的职业做准备；二是为获得可迁移的和全面的能力，为职业生涯发展做准备。在此，需要区别学徒制与在职培训的内容。在理查德看来，学徒制培养学徒从事的是新的工作，不能将所有培训都称之为学徒制。为此，他专门解释了有关区别。

"依附"性、结构化和职业准备是学徒制的本质属性，这三大属性能够区分一般性的校企合作和学徒制培训。没有"依附"性，职业院校学生的企业培训属于一般性的企业内实习，企业难以发挥主体作用；没有结构化的职业院校学生的企业实习，就不能体现实习的能力目标；对于实习者而言，不是为新职业而准备的教育或培训是在职培训或继续教育。

---

① HM Government. The future of Apprenticeships in England：Guidance for Trailblazers-from standards to starts［Z］. 2015.

1.3.1.3 学徒制的定义

基于以上分析，本书认为，学徒制必须具有"依附"性、结构化和职业准备三大属性。为此，本书提出，学徒制是指那些"依附企业的新入职员工或准员工"，作为学徒接受的"以企业为主体，校企交替进行"的长期培训制度，这种培训旨在使学徒获得全面的职业能力，是为新职业做准备的结构化的培训。①

1.3.1.4 英国学徒制的内涵

以上定义也适合英国学徒制，因为英国学徒制也具有"依附"性、"结构化"和"职业准备"的属性，只是英国的以上属性有自己的具体内涵。英国政府通过法律和政策性文件，对英国学徒制的内涵进行了规定。"依附"性是指已经受雇于"技能性职业中工作"的学徒；"结构化"是指学徒培训的"持续时间至少为 12 个月，其中至少有 20% 的时间是离岗培训"，目的不仅要培养学生具体工作的能力，而且要"开发可转移的技能、英语和数学能力"，即获得"学徒制标准成绩所证明的在一种职业中的全部能力。"② 此外，英国还接受了理查德报告的意见，区分了一般性培训和学徒制。2012 年 11 月的《理查德学徒制审查》报告指出，"不是所有的在岗培训都是学徒制"。对于什么是学徒制，该报告提出"学徒制要求一种新的工作角色，这种角色对于个人来说是新的"③。

在理解英国的学徒制时，有几个方面值得我们关注。

（1）学徒培训时间的变化。如英国于 1981 年发布的白皮书《新的培训计划》中批评了"时间服务"这一要素，该白皮书废除了传统的学徒制，转而支持基于能力的培训。

（2）学徒年龄限制。2004 年英国通过引入 14~16 岁青年学徒制，使义务教育的学生每周最多能在工作场所花两天时间学习工作技能，并取消学徒制 25 岁

---

① 刘育锋. 论学徒制的本质属性 [J]. 中国职业技术教育，2018（36）：8-9.
② HM Government. English Apprenticeships: Our 2020 Vision [Z]. London: HM Government, 2015.
③ Doug Richard. The Richard Review of Apprenticeships [EB/OL]. (2012-04-05) [2017-01-23]. http://www.gov.uk/government/news/the-richard-review-of-apprenticeships.

年龄上限的规定，学徒制范围进一步扩大。[1]

（3）学徒培训目标的变化。传统而言，学徒制培训的目标是使学徒具有从事某一具体职业的资格。随着历史的发展，学徒制培训的目标还加上了使学徒具有全面和可迁移的能力，为此，英国还提出了学徒的二级基本学科水平的要求。

基于以上分析，本书认为，英国学徒制是一种"为培养学徒从事新的技能性职业工作而实施的一种针对所有人的长期而结构化的培训制度。这种培训至少持续12个月，其中至少有20%的时间是离岗培训，这种培训旨在使学徒达到学徒制标准所证明的在一种职业中的全部能力"。

1.3.2 治理

治理是一个复杂的概念，目前国内外还没有形成一致观点。

1.3.2.1 治理的定义

"治理"一词源自希腊，虽然出现的历史很长，但直到20世纪最后十年才成为流行概念。21世纪的第一个十年，学术社会对治理的兴趣不断提高，研究文章数量猛增。治理涉及经济、政治、管理等五十多个领域[2]。目前，对"治理"的内涵还没有达成一致意见。

随着社会发展及对治理研究的深入，学者们和国际组织对"治理"提出了各自的理解。分析20世纪90年代以来的有关文献，关于治理的定义有以下六个主要观点：

1. 治理是组织

最初，人们往往将治理作为政府的代名词[3]。1996年，Rhodes在《新治理：没有政府的治理》一书中提出治理是"自我组织的组织间网络"[4]，而"信任和

---

[1] Susan Wallace. A Dictionary of Education [M]. 1st ed. Publisher: Oxford University Press, 2009.
[2] David Levi-Faur. From "Big Government" to "Big Governance"? [Z]. The Oxford Handbook of Governance, 2012.
[3] Gerry Stoker. Governance as theory: Five propositions [J]. International Social Science Journal, 1998, 50 (1): 17.
[4] R A W Rhodes. The New Governance: Governing without Government [J]. Political Studies, 1996: 652.

相互调整是这种网络的特征"①。

2. 治理是一种制度

Lynn 等人于 2000 年提出"治理可以定义为……制度",这种制度是"法律、行政规则、司法裁决和惯例",其目的是"约束、禁止和使政府能够活动"②。

3. 治理是过程

有观点认为,治理是一种"持续的过程",这种过程旨在"共同管理公共事务",它是基于"具有强迫服从的正式制度与基于大家认为符合其利益的、共同认可的非正式制度等安排",治理的目标是"使存在不同利益冲突或差异的各类公私机构与个人能够相互协调与和解",最终目的是"大家采取一致行动"③。

4. 治理是"行使权力的方式"

以世界银行为代表的国际组织认可这一观点。世界银行提出,"治理是……行使权力的方式",这种权利行使的范围是"国家经济和社会资源的管理"④。治理属于管理范畴。作为管理的治理,它要建立一套"被接受为合法权威的规则",要"公正透明"⑤。世界银行的治理内涵涉及范围广,包括政治、经济和社会,以及政府能力⑥。经济合作与发展组织和联合国开发计划署(UNDP)提出了与世界银行相似的关于治理内涵的观点。1995 年,经济合作与发展组织提出治理是"在社会中使用政治权威和实行控制",为社会和经济发展而管理资源⑦。1997 年,联合国开发计划署提出,治理是"在各个层级中管理国家事务的经济、政治和行政权力的行使",这种权利的行使包括"公民和团体表达其利益,行使其法律权利,履行义务和调解其差异的机制、过程和制度"⑧。

5. 治理是行动

治理包括"行动""互动"和"组织"等内容。Boyer 在 1990 年将治理定

---

① R A W Rhodes. The New Governance: Governing without Government [J]. Political Studies, 1996: 652.
② Lynn L E, Heinrich C J, Hill C J. Studying Governance and Public Management: challenges and prospects [J]. Journal of Public Administration Research and Theory, 2000, 10 (2): 235.
③ The Commission on Global Governance. Our Global Neighbourhood: the Report of the Commission on Global Governance [M]. New York: Oxford University Press, 1995.
④ World Bank. Governance, The World Bank's Experience [M]. Washington DC: The World Bank, 1994.
⑤ 皮埃尔·卡蓝默. 破碎的民主——试论治理的革命 [M]. 高凌瀚, 译. 北京: 三联书店, 2005.
⑥ World Bank. Governance, The World Bank's Experience [M]. Washington DC: The World Bank, 1994.
⑦ OECD. Participatory Development and Good Governance [Z]. Paris: OECD, 1995.
⑧ UNDP. Governance for Sustainable Human Development [Z]. New York: UNDP, 1997.

义为"政府的行动,加上在治理过程中其与非政府的合作伙伴的互动",这种互动是在"与经济和公共政策的集体关系中的。"① 在此,治理是一种"行动"或"互动"。与 Boyer 定义的这一观点相似,Goran Hyden 在 1992 年将治理视为一种"运行"。他提出治理"主要指具有社会目的地运行政府和其他公共机构或私人机构"②。Kooiman 和 Van Vliet 于 1993 年将治理定义为一种创造,即治理"是指一种结构或秩序的创造",这种结构和秩序"是由治理的多个机构互动的结果",以及"相互影响的参与者相互作用的结果"③。Prakash 和 Hart 也将治理作为一种行动来进行定义。他们在 1999 年提出,治理是"组织集体行动"④。此外,Lynn 于 2012 年在《治理的多个方面:适应?转型?两者都是?两者都不是?》一文中提出"治理是一种行为或方式,即引导、指导或规范个人、组织、国家,或多国协会(公共,私人或两者)的行动。"⑤ 在此,作为行动的治理,是一种引导、指导或规范。

6. 对治理的综合理解

更多的学者则从多个角度提出了自己关于治理的理解。

Rosenau 认为,治理不仅是活动,而且还是规则体系。他于 1992 年提出"治理是指由共同目标支持的活动",这种活动"可能是或可能不是从法律和正式规定的责任中获得的,并不一定依赖政策权力",同时治理"是一个规则体系"⑥,它包括政府制度和非政府制度⑦。Rosenau 还提出了治理作为一种规则体系发挥作用的两大条件,第一,多数人接受;第二,最有权力的人接受,且这些人受规则体系影响。⑧

---

① William W Boyer. Political Science and the 21St Century: From Government to Government [J]. PS: Political Science and Politics, 1990, 23 (1): 51.
② Goran Hyden. Governance and the study of politics [M]. CO: Lynne Rienner, 1992.
③ Kooiman J, Van Vliet M. Governance and Public Management [M]. London: Sage, 1993.
④ Prakash A, Hart J A. Globalization and Governance: an introduction [M]. London: Routledge, 1999.
⑤ Laurence E Lynn. the many faces of governance: adaptation? Transformation? Both? Neither? [Z]. The Oxford Handbook of Governance, 2012.
⑥ James N Rosenau. Governance, Order, and Change in World Politics [M]. London: Cambridge University Press, 2009.
⑦ James N Rosenau. Toward an ontology for global governance [Z]. Hewson & Sinclair, Approaches to Global Governance Theory, 1999.
⑧ James N Rosenau. Governance, Order, and Change in World Politics [M]. London: Cambridge University Press, 2009.

Gerry Stoker 认可罗德斯的治理是"自我组织的组织间网络"的观点，并有进一步发展。1998 年他在《作为理论的治理：五个命题》一文中提出的第四个命题即是"治理是关于行动者自主的自我治理网络"，这实质是将网络视为治理的主体。第一个命题也与此相关，即"治理是指一系列来自政府但又超越政府的机构和行动者"。另外两个命题确定了治理的关系问题，即治理确定了"解决社会及经济问题责任和边界的模糊性"和"参与合作行动机构之间关系的权力依赖"。最后一个命题反映的是治理发挥作用的基础，即"治理承认不依赖政府命令或使用其权威的做事能力"①。

Benz 明确提出了治理的归属问题。他认为"治理是管理和领导过程的一部分"，这种过程不仅包括管理、指导或协调的活动和行动，而且还包括执行这些任务的性质和方式，即包括"治理的程序性、结构性、功能性和工具性内容"②。治理的内容涉及决策过程与授权。Benz 等人在 2007 年进一步提出治理"代表了与各种社会行为者之间协调相关的所有形式和机制"，"他们的行动是相互依存、彼此影响或相互支持的"③。Abrams 等人于 2003 年提出，"从根本上说，治理是关于权力、关系和责任：谁有影响力，谁决定，以及决策者如何追究责任"④。

在梳理了大量文献的基础上，David Levi-Faur 在 2012 年提出，作为一种结构，治理"意味着正式和非正式制度的体系架构"；作为一种过程，它"意味着涉及长期无休止的决策过程的动态和定向/指导功能"；作为一种机制，它表示"决策、遵守和控制的制度程序"；作为一种战略，它表示"行为者为管理及操纵制度和机制设计而做出的努力"⑤。

1.3.2.2 对治理定义内涵的分析

分析学者们和国际组织提出的治理的内涵发现，治理的内涵具有如下特征：

---

① Gerry Stoker. Governance as theory: Five propositions [J]. International Social Science Journal, 1998, 50 (1): 18.
②③ Antje Barabasch. Methodological and Theoretical Approaches to the Study of Governance and Policy Transfer in Vocational Education and Training [J]. Research in Comparative and International Education, 2010, 5 (3): 225.
④ Abrams P, Borrini-Feyerabend G, Gardner J. Evaluating Governance: a handbook to accompany a participatory process for a protected area [Z]. Parks Canada and TILCEPA, 2003.
⑤ David Levi-Faur. From "Big Government" to "Big Governance"? [Z]. The Oxford Handbook of Governance, 2012.

①治理机构多元。②治理工具多样。③治理过程持续互动与公正透明。④治理目的，充分发挥治理主体功能，统筹资源，实现公共目的。⑤治理条件，支持与信任。⑥治理结果，界限模糊等。

1.3.2.3 本书提出的治理的定义

治理作为一个新概念，其内涵应该反映出社会发展的新需求，反映出它与一般事物的区别，体现自己的本质属性，即反映事物矛盾的主要方面。以上述分析结果为依据，本书认为，治理是指"在制度基础上"，通过"透明而公正"的过程，由相关组织"发挥各自资源优势"而"采取行动"，实现相关各方"参与决策、有效执行决策并实现自己的目的和社会的目的的系统"①。

1.3.3 学徒制治理体系

"体系"是指"若干有关事务或某些意识相互联系而构成的一个整体"②。学者对治理体系的理解各不相同：有的将治理体系理解为制度体系，提出治理体系主要包括"体制、机制和法律法规安排"；有的认为治理体系是"包含治理主体、治理客体，以及治理目标和治理方式的完整的系统"③。

本书认为，学徒制治理体系是与学徒制治理相关事务或意识相互联系而构成的一个整体，它包括与学徒制治理相关者、治理目标和治理方式的完整的系统。学徒制治理相关成员包括政府、行业、企业、院校或学徒制提供者，学徒以及质量监控或评估机构等。学徒制治理制度，包括学徒制的发展目标与战略、学徒制相关者之间关系的规定、学徒制经费和使用等的规定，以及学徒制培养培训目标及相关操作性文件等。

为此，英国学徒制治理新体系主要包括如下内容：①英国学徒制治理新体系相关者及其关系；②英国学徒制治理新体系包括目标在内的有关制度或政策；③英国学徒制治理的过程与结果等。

---

① 刘育锋. 英国学徒制治理新体系研究 [J]. 中国高教研究，2017（10）：89.
② 中国社会科学院语言研究所词典编辑室. 现代汉语词典（修订本）[M]. 北京：商务印书馆，1998.
③ 丁志刚. 如何理解国家治理与国家治理体系 [J]. 学术界，2014（2）：65-72.

1.4 研究范围

本书以21世纪以来英国政府实施的学徒制改革为主要研究内容,尤其是以2017年以来学徒制改革为重点。

值得注意的是,由于英国国情特殊,英国政府颁布的很多教育性的政策文件的使用范围为英格兰。正如英国商务、创新和技能部在《为可持续发展而开发技能》的战略性文件中所指出的,"这是英国的战略,英国政府各部门只承诺在英格兰采取行动,除另有说明外,所有事实、数字、政策和行动仅指英格兰"。该文件还提出,"'National'应被视为是指整个英格兰",因为"该战略没有使联合王国四个政府中的任何一个承诺采取任何的全英行动或政策立场。"① 为此,本研究所指的英国主要指英格兰。

1.5 研究方案

本研究将对英国学徒制治理新体系进行系统研究,反映英国学徒制改革的最新成果,有助于弥补相关研究的空白或不足;研究将基于治理的视角,通过委托代理理论、网络治理理论和"元治理"理论的应用,深入研究21世纪以来,尤其是2017年以来英国学徒制改革呈现的特点和走向,寻找英国学徒制治理新体系的特征及其形成原因;通过研究,明确英国学徒制治理过程中形成的具体工具和方法,为我国学徒制试点工作的顺利开展提供实践经验;基于比较分析,提出可为我国学徒制试点借鉴的政策依据;同时,研究注重对英国学徒制治理体系形成过程中出现的问题的深入研究,寻找其原因。

本研究方案包括研究问题、研究内容、研究思路和技术路线。

---

① Department for Business Innovation and Skills. Skills for Sustainable Growth Strategy Document Full Report [Z]. 2010.

1.5.1 研究问题

本研究旨在回答如下问题：

（1）英国学徒制治理新体系相关者及其各自的职责是什么？

（2）英国学徒制治理新体系内各相关者参与学徒制的原因是什么？

（3）英国学徒制治理新体系内各相关者之间的关系及其构建路径是什么？

（4）英国政府在英国学徒制治理新体系构建中发挥的功能是什么？

（5）英国学徒制治理新体系相关政策形成的过程是什么？

（6）英国学徒制治理新体系构建有哪些可供我国借鉴的经验？

1.5.2 研究内容

本研究共包括七部分内容。

1. 第一章——绪论

第一章主要包括问题提出、概念界定、研究综述、研究方案、难点及可能的创新。

2. 第二章——英国学徒制治理新体系研究的理论基础

第二章主要包括治理理论的理论基础，以及包括委托代理理论、网络治理理论和元治理理论等与本研究相关的治理理论。本研究将系统梳理以上几大理论出现的背景、主要概念，以及主要内容，为英国学徒制治理体系的研究奠定理论基础。

3. 第三章——英国学徒制治理新体系研究：基于内容的分析

第三章主要梳理分析英国学徒制改革历程中的主要政策内容及其表现出来的特点与走向，以委托-代理关系、网络治理以及"元治理"等治理理论为依据，对英格兰学徒制治理体系开展深入研究，寻找英国学徒制治理新体系内相关者在治理体系内的位置、相互之间的关系，治理过程中所使用的工具与方式，以及治理结果等内容。

4. 第四章——英国学徒制治理新体系研究：基于关系的分析

第四章主要研究英国学徒制治理体系在处理相关者多元与一致性目标达成、

处理政府与市场关系,以及处理现状与不断变化的需求的关系等方面做出的反馈及其方式,进一步研究英国将政府学徒制目标转变为社会目标,将国家意愿转变为企业动力等方面的治理方式。

5. 第五章——中英学徒制治理体系比较分析

第五章系统梳理我国21世纪以来教育部、人力资源和社会保障部及国家发展和改革委员会所执行的与学徒制试点相关的政策以及实践,明确我国学徒制相关者及其之间的关系,以及相关者关系建立的工具。基于治理的主体、过程和工具等要素,对中英两国学徒制治理体系的差异进行比较分析,并寻找这些差异产生的原因。

6. 第六章——结论与启示

第六章基于以上研究,提出英国学徒制治理新体系建设的若干结论,这些结论主要体现在学徒制相关者职责及其之间的关系、形成关系的工具和制度激励相关者参与学徒制的激励机制、政府与市场在学徒制治理体系中功能的发挥等,并从中提出关于政府、相关者各自职责及其关系构建的启示。

7. 第七章——借鉴英国经验建设中国特色现代学徒制治理体系

第七章结合我国国情、我国学徒制试点及推广过程中需要解决的问题,提出借鉴英国经验的总体思路、我国可以借鉴的英国学徒制治理新体系的经验,以构建中国特色的学徒制治理体系。

1.5.3 研究思路

本研究思路包括以下方面:基于问题分析与判断,提出研究假设;进行初步材料收集与分析,确定研究假设;收集并分析治理理论,明确研究的理论基础,确定研究问题;依据研究问题,确定研究方法;使用研究方法,针对研究问题开展系统研究;最后,形成研究结论。

具体而言,本研究首先对我国学徒制试点过程中行业企业参与不积极等问题进行初步分析,做出这些问题属于学徒制治理问题的判断。基于英国进入21世纪以来所开展的学徒制改革系列举措及其成果,提出解决我国学徒制治理问题可以借鉴英国学徒制治理体系的假设。在分析梳理国内外关于英国学徒制治理体系材料的基础上，发现相关研究材料少、视角少、内容窄，以及存在滞后等问题，确定了需要开展英国学徒制治理新体系研究的假设，同时明确了开展这一研究的政策、理论和实践意义。在系统梳理有关治理理论的基础上，明确了本研究的治理理论基础，研究将以委托代理、网络治理和元治理理论为主要的研究依据。结合治理理论和学徒制治理的内涵，明确了研究的主要问题和内容。依据研究问题和内容，明确了研究主要采用的文献、历史、访谈和比较等方法。在明确以上内容的基础上，开展系统研究，得出英国学徒制治理新体系的内涵、特点、发生的条件，以及构建我国学徒制治理体系的建议。

1.5.4 研究方法

本研究采用文献研究法、比较研究法、访谈法和历史法等研究方法。

1.5.4.1 文献研究法

文献研究法是本研究使用的基本方法之一。研究注重收集准确、系统、尽可能全面的资料信息，通过对这些资料的整理、分析，形成对英国学徒制治理新体系的客观认识。

研究注重收集英文一手资料。由于研究的主题是英国学徒制治理体系，为此，笔者注重从英国学徒制相关机构官网上收集信息，包括政府的政策文件、学术著作、研究报告，以及网站信息等。由于是从治理的角度开展研究，为此注重收集国内外有关治理理论的权威学术论文。为获取尽可能多的相关研究成果，还注重从具有影响力的一些国际职业教育研究机构收集相关研究信息。对所获得的以上资料进行分析和整理，为研究的顺利展开奠定了良好的基础。

1.5.4.2 比较研究法

比较研究法将采用贝雷迪比较教育研究的问题研究方法，即选择学徒制治理体系这一研究主题，通过对中英制度的考察，研究两国在学徒制治理主题方面的相似性与差异性，分析其差异，找到差异原因，进而提出解决问题的方法。

比较研究法遵循"比较四步法",即"描述、解释、并置、比较"。通过系统收集英国学徒制治理的各种文献资料,包括政策文本、操作手册、执行指南等,以治理基本理论为基础,系统梳理英国学徒制治理的现象,分析其特征,寻找原因和结果。通过比较中英两国学徒制治理体系的不同,提出我国可以借鉴的英国学徒制治理新体系的有关经验。

1.5.4.3 访谈法

访谈法是指"通过访问人与受访人面对面地交谈来采集相关的学术咨询"。为获得客观信息,需要专门对与英格兰学徒制治理相关的机构人员进行访谈,包括英国政府官员、行业协会代表、职业院校、企业代表等。

1.5.4.4 历史法

历史法是指通过历史事件的梳理,寻找英国学徒制治理的发展走向,分析其原因,进而为英国学徒制治理新体系的建立提供事实依据。

1.5.5 技术路线

英国学徒制治理新体系研究的技术路线如图1-1所示。

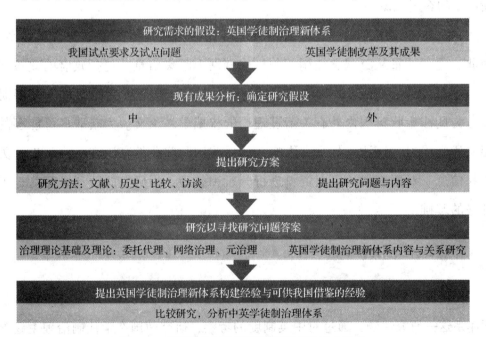

图1-1 英国学徒制治理新体系研究的技术路线

1.6 难点与创新点

本研究难点主要在以下方面：

(1) 英国学徒制治理新体系相关者及其关系。

(2) 英国学徒制治理新体系相关者关系建立的治理理论依据。

(3) 英国学徒制治理新体系建立的社会背景分析。

(4) 英国学徒制治理体系建设可供我国借鉴的可行经验。

本研究可能在以下方面取得创新：

(1) 提出英国学徒制治理新体系的内涵、特征及具体表现。

(2) 提出英国学徒制治理新体系委托-代理关系的内容及具体表现。

(3) 提出英国学徒制治理新体系治理网络的内容及具体表现。

(4) 提出英国政府在学徒制治理新体系中发挥"元治理"主体功能的路径。

(5) 基于我国国情提出借鉴英国经验构建中国特色学徒制治理体系的建议。

第 2 章
英国学徒制治理新体系研究的理论基础

自 1989 年在世界银行分析非洲经济社会情况的一份报告中出现以来,"治理"一词及有关治理问题迅速引起了学术界的广泛关注。治理理论强调分权、多元共治和社会参与,可以追溯至 20 世纪 60~70 年代西方的新自由主义思潮和公共选择理论。

2.1 理论基础

在社会资源配置中,既存在"市场失效"问题,也存在"政府失效"问题。要解决这些问题,需要用治理代替统治。围绕治理的主体及其内容,古典自由主义强调自由市场,政府承担有限责任,仅仅保护个人权利。[①] 凯恩斯理论主张国家通过经济生活的干预来纠正市场失灵,逐渐形成"行政国家"。新自由主义

---

① 陈人江. 公共选择理论:新自由主义的国家观及其失败 [J]. 长江论坛, 2016 (6):39.

要将企业精神迁移到国家治理，追求市场化和合作。社群主义强调公平正义，追求政治、行政与社会的有机融合。后现代公共行政国家治理以利他主义为价值基础，以网络共同体为载体，构建网络化的公共治理场域。以上理论尤其是凯恩斯理论、新自由主义及公共选择理论对治理理论影响较大。

第二次世界大战后，凯恩斯理论盛行。这一理论反对自由放任，主张国家干预，以纠正市场失灵。凯恩斯认为，理性是政府的基本特征，政府干预可避免市场的负面影响。政府能够"通过税收和政府支出干预经济，创造充足的需求"，最终"资本主义能够得到有效治理"①。

在经过一段时间的快速发展后，西方国家出现巨额赤字及持续通货膨胀问题。这表明，政府的理性假设不能解决市场的非理性假设问题。在这一背景下，新自由主义经济思潮出现。新自由主义经济思潮主张"彻底私有化""绝对自由化"和"完全市场化"。这一学派以哈耶克为代表，主张自由放任、反对国家干预。哈耶克重视个人自由，他提出自由是"一个人不受其他人或某些人武断意志的强制。"② 他强调市场本位，反对政府过度干预，政府干预要在市场机制无法取代的有限范围内。新自由主义思潮主张通过市场力量改革政府，政府要以满足顾客需求为导向，为此，要变官僚政府为企业政府。新自由主义经济思潮影响着 20 世纪 70~80 年代以来西方国家的政府改革运动。这一运动要求改变传统官僚行政管理模式，建立新公共管理模式，新模式要以市场为基础。政府的任务是"掌舵"，明确问题及其范畴，引入市场机制，服务顾客。新自由主义经济思潮过分重视市场，忽略不同种类事物的区别，存在实践效果不理想的问题。③

公共选择理论是新自由主义思潮的重要流派。公共选择是指"非市场的集体选择"。④ 美国著名经济学家詹姆斯·布坎南首先提出公共选择理论。缪勒认为，作为独立的研究领域，公共选择理论可追溯至 1948 年。⑤ 作为独立或半独

---

① 简·哈代. 激进经济学与马克思的经济学——凯恩斯主义和新自由主义批判 [J]. 王潇锐, 译. 国外理论动态, 2017 (9): 5.
② F·哈耶克. 自由宪章 [M]. 杨玉生, 等译. 北京: 中国社会科学出版社, 1999.
③ 柯武刚, 史漫飞. 制度经济学——社会秩序与公共政策（中译本）[M]. 北京: 商务印书馆, 2000.
④ 张育彪. 评新自由主义思潮中的公共选择理论 [J]. 广东经济, 2002 (10): 34.
⑤ 丹尼斯·缪勒. 公共选择理论 [M]. 杨春学, 等译. 中国社会科学出版社, 1999.

立学科，公共选择理论起始于20世纪60年代早期。① 布坎南认为，公共选择是政治观点，是从经济学的视角，运用经济学的工具和方法来分析非市场的决策问题。② 公共选择理论提出三个基本假设：方法论的个人主义、理性"经济人"和交易政治学。公共选择理论认为，个人"是唯一有意义的决策单位"。③个人被假定为"一个理性的（例如有目的的、自利的、有效率的）效用最大化者。"④ 自利是不变的人性，这种自利性不会因所从事工作的性质不同而不同，无论在市场内行事还是在市场外行事，无论是市场内的经济活动还是市场外的政治活动。⑤ 因而，公共选择理论提出，与"经济人"相同，政策制定者也是理性而自私的，追求自己的最大利益，无论这些利益是否符合公众愿望。由于政府与人相同，也都有自利属性，因而政府也不能完全代表公共利益。政府的每一个行为都包含失败之处⑥，包括公共政策失效、公共物品供给的低效率、政府膨胀和寻租及腐败。为克服政府"理性经济人"导致的问题，公共选择理论反对过多的政府干预，提出在政府部门引入竞争、鼓励政府办事机构节约成本，以及利用私人资本和市场来为社会提供公共服务等建议。

2.2 治理理论

2.2.1 委托-代理理论

2.2.1.1 背景

将所有权和经营权集于一身不利于生产效率的提高，分工的进一步专业化

---

① 布坎南. 自由、市场与国家[M]. 吴良健，等译. 北京：北京经济学院出版社，1988.
② Dennis C Mueller. Public Choice II [M]. London: Cambridge University Press, 1989.
③ 布坎南，塔洛克. 同意的计算[M]. 陈光金，译. 中国社会科学出版社，2000.
④ Lawrence A Scaff, Helen M Ingram. Politics, Policy, Public Choice: A Critique & a Proposal [J]. Polity, 1987, 19 (4): 617.
⑤ 布坎南. 宪政经济学[J]. 经济学动态，1992 (4).
⑥ Grand, Julinale. The Theory of Government Failure [J]. British Journal of Political Science, 1991 (4): 423-442.

导致所有者和经营者存在分离的可能性。一些学者看到了所有者和经营者分离可能导致的问题，即委托-代理问题，并对此开展了研究，形成了相应成果。20世纪30年代，美国经济学家伯利和米恩斯基于对既是企业所有者又是企业经营者的弊端的认识，提出了"委托-代理理论"，倡导将所有权和经营权进行分离。由于科技进步、生产率提高、分工细化，一些人需要委托他人为自己做事，另外一些人具有替他人做事的能力即代理能力。为此，20世纪60年代以来，出现了大量的委托-代理关系。

2.2.1.2 概念

"委托-代理"关系是一种契约关系。通过契约，委托人授予代理人一定权利并给予一定的报酬，以实现委托人希望获得的利益，最后实现委托人与代理人之间的权能与收益分享。

Ross 提出，委托-代理关系发生在委托人和代理人之间。有学者认为，委托-代理关系是明显或隐含的契约关系。代理人提供服务，委托人需要向代理人授予包括决策权在内的一定的权利，并给予报酬。[①] 在简森和麦克林看来，合同是为了"协调委托人和代理人双方的利益"，并授权给代理人，"使其按委托人的利益而行动"。[②]

在总结研究的基础上，我国学者提出了委托-代理理论的研究目的与范畴。提出，研究的目的是"最大限度增加委托人的效用"，研究的背景是"信息不对称"，研究的内容是"委托人以最小的成本设计契约或机制"。[③]

综合以上观点，本书以为，委托-代理关系可以理解为委托人和代理人，通过明确权利与义务的协议纽带而建立的使代理人为委托人提供服务的关系。

---

① Kaplan. Top-executive rewards and firm performance: A comparison of Japan and the united states [J]. Journal of political Economics, 1994: 543.
② Michael C Jensen, William H Meckling. Theory of the Firm: Managerial Behavior, Agency Costs and Ownership Structure [J]. Journal of Financial Economics, 1976, 3 (4): 305-360.
③ 陈敏，杜才明. 委托代理理论述评 [J]. 中国农业银行武汉培训学院学报，2006 (6): 76.

2.2.1.3 内容

1. 研究的主要问题

委托-代理理论主要研究委托-代理关系。Sean Gailmard 认为,委托-代理理论的核心组成部分是明确"谁(或应该)对谁负责"的问题,即在委托-代理模型中,"称为代理人的一些行动者(或一组行动者)代表称为委托人的另一个行动者(或一组行动者)采取行动。委托人可以做出影响代理人采取任何可能行动动机的决定。"① 为此,委托-代理理论需要研究如下三大问题:"①代理人可以做什么以及这如何影响委托人;②委托人可以做什么以及如何影响代理人;③委托人和代理人是谁。"②

2. 委托-代理问题

委托-代理理论认为,人是以自我利益为中心的经济人。委托人和代理人的目标不一致、责任不对等,以及信息不对称,容易导致代理人为自己谋利,会利用机会牺牲委托人的利益等问题,并导致道德风险、逆向选择和代理成本提高。之所以存在委托-代理问题,是因为"代理人是自主的,并且倾向于以牺牲委托人的利益为代价最大化自己的利益",而且"委托人和代理人之间存在目标冲突"③。为此,当代理人知道委托人由于信息缺失,对自己"行为细节不很了解",而且"自己采取机会主义行为而不受惩罚",代理人就采取有利于自己而有可能损害委托人利益的行为。④

逆向选择是指代理人故意隐瞒一些不良信息,使委托人做出不利于自己的选择的现象。Akerloff 在 1970 年提出的二手车市场模型证明了逆向选择问题。他提出,"由于潜在买家在购买前很难识别出有重大机械问题的汽车(即一个'柠檬'),所以买家只能听任机会主义卖家的摆布。卖方的机会主义行为可能导致买方不知不觉地选择柠檬。"⑤

---

①② Sean Gailmard. Accountability and Principal-Agent Theory [Z]. The Oxford Handbook of Public Accountability,2014.
③④ International Energy Agency. Mind the Gap-Quantifying Principal-Agent Problems in Engegy Efficiency [M]. Paris:International Energy Agency,2007.
⑤ 柯武刚,史漫飞. 制度经济学——社会秩序与公共政策(中译本)[M]. 北京:商务印书馆,2000.

道德风险"发生在合同签订后当事人的机会主义行为中",它指代理人因信息不对称、契约不完备等原因而采取的偷懒行为。例如"在签订保险合同后,总有一种诱惑,即欺骗保险公司并向保险公司索要比合同中规定的更多的东西。"①

委托-代理理论研究的一个重要内容是如何设计能够降低代理成本、符合委托人利益最大化的契约。代理成本包括监督成本、选聘成本、激励成本,以及因代理人的决策偏差可能给委托人福利造成的"剩余损失"。

3. 解决委托-代理问题的方法

解决委托-代理问题是委托-代理理论研究的重点内容。有观点提出"代理人实际上不必是委托人的完美代理人。代理损失并不一定是不可避免的,在某种意义上,如果委托人以某种方式愿意这样做,他们可以消除代理损失"。②

委托-代理理论表明,"没有单一的合同形式能够解决所有的代理问题",但是在设计合同时,有关理论提出"最佳合同是尽可能地使委托人和代理人的利益相一致的合同",因而,委托-代理理论"试图确定各种合同的备选方案",在结果不确定性、风险规避和信息的不同背景下,以明确"哪种合同最有效"。③

"在道德风险问题中,代理人采取几种可能影响委托人效用的行为之一。为了使问题有益,委托人观察受代理人行为影响或与其相关的一些信息,并基于该信息管理奖励或惩罚(例如奖金支付、重新选举)。"④"在逆向选择问题中,代理人知道委托人为了自己的利益需做出决定的一些私密信息,但是代理人更喜欢以不同的方式使用信息。"

"分析道德风险与逆向选择问题的关键是激励相容性"。一般来说,"激励相容性对委托人施加了约束",因为"委托人必须从其自身的角度权衡改进决策的益处与诱导代理人做出特定决策的成本"。"如果代理人还有退出与委托人关系的选择,或者如果代理人承担的业绩不佳的责任在某种程度上受到限制,那么一般来说,激励相容性约束意味着委托人一般不会导致代理人追求委托人自己

---

①② International Energy Agency. Mind the Gap-Quantifying Principal-Agent Problems in Engegy Efficiency [M]. Paris:International Energy Agency,2007.
③④ Sean Gailmard. Accountability and Principal-Agent Theory [Z]. The Oxford Handbook of Public Accountability,2014.

的最优选的行动方式"。在激励相容性（和参与）的约束下，"委托人倾向于诱导的行动以及委托人将采取的行动之间的差异，将导致代理损失"。为此，"委托人必须权衡代理损失与满足激励相容性的成本。"当这两种成本对委托人有直接冲突时，委托人通常不希望消除一种成本而牺牲另一种成本。"代理损失是当代理人从委托人那里得到一点额外的松懈，去追求自己的利益而不是委托人的利益时发生的。"

诺贝尔经济学奖得主威廉维克里和詹姆斯·米尔利斯开创了信息不对称条件下的"委托-代理理论"，即通过代理人效用的最大化行为，将委托人与代理人的利益有效"捆绑"，实现委托人利益的最大化，从而实现"激励相容"。根据机制设计理论，实现"激励相容"的关键就是要妥善避免"代理人问题"，实现委托人和代理人的利益"捆绑"，使设定的机制满足所有参与主体的积极性。换句话说，只有满足利益主体的自身兴趣或个体要求，才有实现整体目标的可行性①。由于构成社会系统的各个主体都有自身的目标和利益，因此，要实现整体目标，其关键和前提条件就是要通过一定的激励政策和措施，让多元主体参与到设计者构建的机制环节中来。从这个角度看，机制设计理论对于协同治理机制的设计具有重要的理论指导意义。此外，有学者提出不完全契约理论。哈特认为，由于信息不对称，要使契约趋于完善，成本高且难以实现，提出了与其他学者不同的解决不完全契约的方法，即分配决策权和控制权。②

2.2.1.4 对委托-代理理论的批评

支持者们认为，委托-代理理论有"广泛的适用性、解释力和解决问题的重点"三大优势。但批评者们认为，这一理论在"充分描述现实情况能力以及代理理论完整性"方面存在问题。批评者们提出，代理理论"采用复杂且高度形式化的数学模型，其在解释真实组织安排方面的效用必须受到质疑"。这一理论做出了三个假设，但这些假设是不适当的。例如，"机会主义普遍存在"，委托-

---

① 何光辉，陈俊君，杨咸月. 机制设计理论及其突破性应用 [J]. 经济学评论，2008（1）：149-154.
② 温思美，黄冠佳，李天成. 现代契约理论的演进及其现实意义——2016 年诺贝尔经济学奖评介 [J]. 产经评论，2016（6）：7.

代理关系中的行动者是"冷静的'同种经济学'个体",以及"信息不对称普遍存在"。但是,人是复杂的,"人们的动机不仅仅是金钱,他们还需要成就、责任、认可……(和)人们能够采取全方位的行动,从以背信弃义的自我服务到为业主服务的利他主义",而且信息并非总是不对称。所以,有观点认为,这一理论过于狭隘,"因为它的假设低估了可能更能反映经济关系现实的偶然事件。"

2.2.2 网络治理理论

2.2.2.1 背景与意义

1. 背景

网络治理"与20世纪80年代公共部门改革后国家性质的变化有关",是对20世纪90年代西方政府改革中政府失灵的回应。

20世纪八九十年代全球变化加快,社会"日益复杂、支离破碎,并具有多层级的特点"[1],同时"跨国经济活动增加和欧盟等区域机构崛起"。在这种社会背景下,"没有一个行动者有知识、能力和权威来单独管理社会和经济",即使是公共机构也"不能单独治理"。为此,"国家越来越依赖于其他组织来确保其意图并实现其政策",需要"来自国家、市场和民间社会的多个组织和团体之间的协商互动"[2]。

为此,有学者提出,"公共当局的目标是通过让不同类型的公民、专业人员、志愿组织、劳动力市场组织和私营企业参与自律网络来治理社会"[3]。与此相关,一些国家也进行了改革,"促成了从等级官僚制向市场、准市场和更广泛使用网络的转变,特别是在提供公共服务方面"。因此,"治理网络在地方、国家和跨国层面形成,有时甚至跨越这些层面,产生新的多层次治理形式"[4]。

---

[1] Eva Sørensen, Jacob Torfing. The Democratic Anchorage of Governance Networks [J]. Scandinavian Political Studies, 2005 (28): 196.
[2][3][4] Eva Sørensen, Jacob Torfing. The Democratic Anchorage of Governance Networks [J]. Scandinavian Political Studies, 2005, 28 (3): 196.

2. 意义

治理网络之所以能够出现，是因为它有助于提升治理的有效性。Eva Sørensen 和 Jacob Torfing 综合了学者们的观点，在《治理网络的民主之锚》一文中提出了治理网络具有"主动治理的潜力""智能选择可行方案的基础""建立共识的框架"，以及"降低阻力风险"四大方面的意义。

Sørensen 和 Jacob Torfing 认为，治理网络由多个行动者组成，他们可以"在早期发现政策问题和新机遇并产生灵活反应，以便对具体条件的复杂性和多样性进行调整"，为此，具有"主动治理的潜力"；由于"网络行动者通常具有与政治决策相关的详细知识"，所以治理网络可以被视为"收集信息、知识，以及进行评估的重要工具"，而"这些信息、知识和评估可以使政治决策符合要求"，因而，治理网络可以代表重要的"智能选择可行方案的基础"；由于治理网络不断形成自己的逻辑，"以期规范谈判过程、形成共识并解决冲突"，为此，治理网络被称为"建立共识的框架"；由于参与了决策过程，相关行动者对决策容易形成"责任感和所有感"，这将使他们支持而不是阻碍政策的执行，因而治理网络能够降低政策实施的"阻力风险"。[①]

3. 相关研究

网络治理相关研究的历史并不长，但在进入 21 世纪后，关于这一主题的探讨越来越多。意大利学者 Martina Dal Molin 和 Cristina Masella 在综合相关文献的基础上提出网络治理研究经历了三个阶段。第一阶段，研究问题主要集中在"网络发展背后的原因、它们应该如何工作、涉及哪些参与者以及有哪些协调机制"。第二阶段，研究问题集中在"如何有效地管理网络治理，哪些因素影响其成功或失败，以及效率和民主的影响是什么"等。其间出现了丹麦学派、荷兰学派和美国学派。丹麦学派以 Sørensen 和 Torfing 为代表，荷兰学派以 Kickert、Klijn 和 Koppenjan 为代表。这两个学派关注网络治理与民主价值观之间的兼容性等问题。美国学派以 Kenis、Milward 和 Provan 为代表，他们侧重研究网络治理的形式以及网络结构与网络有效性之间的关系。第三阶段，关注网络治理的结

---

① Eva Sørensen, Jacob Torfing. The Democratic Anchorage of Governance Networks [J]. Scandinavian Political Studies, 2005, 28 (3): 198-199.

果和网络治理框架开发等问题。①

2.2.2.2 网络治理内涵

1. 网络

"网络"是一个结构概念,它表示"未指定的互联实体或节点系统"。在此,"节点可以是个人、小组、组织或国家",它们之间的关系可以是"交换物质和非物质资源(金钱、货物、技术、信息、知识、声誉、观点等)的渠道"。网络又是"组织集体行动的一种具体方式",即"是社会组织的一种特殊形式",它"不同于等级制度和市场,但同时包含两者的要素。"②

2. 网络治理

很多学者提出了网络治理的定义。这些定义围绕两个关键概念:交换和关系的互动模式,以及独立单元之间的资源流。

美国学者 Candace Jones、Hesterly 和 Borgatti 提出的网络治理的定义为:"网络治理涉及一组选择的、持久的、结构化的自主公司(以及非营利机构),基于隐含和开放的合同创建产品或服务,以适应环境突发事件,协调和保护交流。这些合同在社会上没有法律约束力。"在这一定义中,"选择"是指"网络成员通常不构成整个行业。相反,它们形成了一个子集,在其中他们经常彼此交换,但相对很少与其他成员交换"。"持久"是指"网络成员在一段时间内彼此重复工作",而"结构化"则用来说明"网络内的交换既不是随机的,也不是统一的,而是模式化的,反映了劳动分工。"使用"自主公司"是要强调"网络中每个要素在法律上独立的潜力"。最后,"隐含和开放的合同"指的是"适应、协调和保护交流的方法,这些交流不是来自权力结构或法律合同",可以肯定的是,"一些成员之间可能存在正式合同,但这些合同并不能界定所有各方之间的关系。"③

---

① Martina Dal Molin, Cristina Masella. From Fragmentation to Comprehensiveness in Network Governance [J]. Public Organiz Rev, 2016 (16): 496-497.
② Mette Eilstrup-Sangiovanni. Global Governance Networks [M]. London: Qxford University Press, 2016.
③ Candace Jones, William S Hesterly, Stephen P Borgatti. A General Theory of Network Governance: Exchange Conditions and Social Mechanisms [J]. The Academy of Management Review, 1997 (22): 914-916.

在文献中，学者们使用了不同的术语。Sørensen 和 Torfing 等学者使用"治理网络"（Governance Networks），Rhodes 等学者使用"网络治理"（Network Governance）。虽然有时这两个词语内容有所侧重，但在更多时候，这两个词的内涵基本相同。正如丹麦学者 Eva Sørensen 和 Jacob Torfing 在《治理网络的民主之锚》一文中明确提出的"治理网络是治理的具体形式，也是网络的具体类型。"①

在分析文献的基础上，Sørensen 和 Torfing 提出了治理网络的定义。他们认为治理网络是"公共和/或私营部门相互依赖但具有操作自主性的行动者之间的横向联系"，这些行动者们"在监管、规范、认知和想象框架内通过持续谈判而互动；在等级制度的框架内促进自我监管；并在广义上促进公共规则的产生。"

Rhodes 将网络治理视为治理的一种模式。他认为治理都是通过网络进行的，治理实质上是指网络治理。Rhodes 提出"治理是指通过网络进行治理。为了清楚起见，最好是这一单词总是有限定形容词。"网络治理使"国家权力分散在由各种公共、志愿和私人组织组成的空间和功能不同的网络中。"Rhodes 以公共行政和公共政策视角研究治理，他从"组织之间的相互依赖""网络成员之间的持续交互""植根于信任的互动"和"从国家获得很大程度的自治权"来界定网络治理。他认为，网络治理是"组织之间的相互依赖"，这种治理由于网络成员广泛，使"公共部门、私人部门和志愿部门之间的边界变得模糊"；网络治理"需要交换资源"，进行协商共享，为此"网络成员之间持续交互"；"互动"是网络治理实现的条件，其基础是"信任"；网络治理需要从国家获得"很大程度的自治权"，"尽管国家不享有特权和主权地位，但它可以间接地和不完全地控制网络。"② 本书认可 Rhodes 对网络治理的界定。

2.2.2.3 网络治理形式选择条件

1. 网络治理形式

美国学者 Provan 和荷兰学者 Kenis（2008）提出了确定网络治理分类的两个维

---

① Eva Sørensen, Jacob Torfing. The Democratic Anchorage of Governance Networks [J]. Scandinavian Political Studies, 2005, 28 (3): 197.
② R A W Rhodes. Understanding Governance: Ten Years On [J]. Organization Studies. 2007, 28 (08): 1246.

度，即治理维度和被治理维度。前者指网络活动的集权和分权程度，后者指网络是由内部因素还是外部因素治理。基于这两个维度和实证分析，Provan 和 Kenis (2008) 确定了三种网络治理形式，即"共享形式"（Shared form，也称为"自我治理"或"参与者治理"）、"领导组织形式"（Lead Organization form）和"网络管理组织形式"（Network Administrative Organization，NAO）。"①

网络治理的"共享形式"是最简单和最常见的形式。这种治理形式，网络成员以相对平等的基础进行交互，"决定权在参与者之间分散，治理活动由参与者自己界定和管理"，网络参与者自己"负责管理内部和外部关系"，网络是集体行动的，没有单独和唯一的管理实体，"网络作为一个整体发挥作用"②。网络治理的"共享形式"常见于卫生和公共服务领域。在商业领域，这种形式可用于规模较小的多公司战略联盟和伙伴关系。③

网络治理的"领导组织形式"的显著特点是，"一个内部管理实体负责所有网络层面的治理活动和决策"④，而具体活动的执行则由网络参与者自己决定。在此，这个实体自己也是网络中的成员。由于是由一个实体进行治理，为此这种治理形式使"网络治理变得高度集中和被代理"⑤，网络成员间具有不对称权力。希望成为"领导组织形式"中的领导组织，是通过管理和/或推进成员机构开展活动希望实现的网络目标，可能与领导组织的目标密切相关/相一致，这一形式"通常发生在垂直的买方-供应商关系中"⑥。

网络治理的网络管理组织形式"具有外部控制和集中代理"的特点。在网络边界之外，独立设有一个专门的网络组织管理实体的网络管理组织形式，以

---

① Martina Dal Molin, Cristina Masella. From Fragmentation to Comprehensiveness in Network Governance [J]. Public Organiz Rev, 2016: 498.
② Martina Dal Molin, Cristina Masella. From Fragmentation to Comprehensiveness in Network Governance [J]. Public Organiz Rev. 2016: 498-499.
③ Keith G Provan, Patrick Kenis. Modes of Network Governance: Structure, Management, and Effectiveness [J]. Journal of Public Administration Research and Theory. 2007: 234-235.
④ Martina Dal Molin, Cristina Masella. From Fragmentation to Comprehensiveness in Network Governance [J]. Public Organiz Rev. 2016: 499.
⑤ Keith G Provan, Patrick Kenis. Modes of Network Governance: Structure, Management, and Effectiveness [J]. Journal of Public Administration Research and Theory. 2007: 236.
⑥ Keith G Provan, Patrick Kenis. Modes of Network Governance: Structure, Management, and Effectiveness [J]. Journal of Public Administration Research and Theory. 2007: 235-236.

"负责治理、协调和维持网络",并"对网络的所有活动,包括战略和日常任务,都有充分的决策权。"① 与领导组织形式不同,网络管理组织形式中的 NAO 不是网络中的成员,而是在网络外部专门设立的一个机构,它既可能是政府实体,也可能是非营利机构;它既可以由网络服务商或经纪人个人组成,也可以由一个执行董事、员工和董事会组成正式的机构组成。政府运行的网络管理组织形式通常在网络首次形成时建立,通过有针对性的资金等确保网络目标得以实现。

2. 网络治理形式的选择条件

一些因素影响着网络治理的效果,为此,有学者提出要以一些因素为依据来选择网络治理的形式。

意大利学者 Martina Dal Molin 和 Cristina Masella 在综合分析文献的基础上提出,网络治理形式的选择受六大因素影响,分别为:"①信任;②规模;③目标共识、联合行动和动机;④领导力和承诺;⑤嵌入性;⑥多样性"。② 美国学者 Provan 和荷兰学者 Patrick Kenis 则提出在选择网络治理形式时需要考虑信任、参与者数量、目标一致和网络层面能力要求四个因素。

"信任"是选择网络治理形式需要考虑的第一个要素,它是指"要素 A 要考虑要素 B 利益的积极期望",信任能促进信息和资源交流并降低交易成本。信任是关系的一个方面,它反映出"基于对他人意图或行为的积极期望而接受脆弱性的意愿。"Provan 和 Patrick Kenis 认为"网络治理必须与整个网络中出现的信任密度水平保持一致"。他们进一步提出"当信任遍布整个网络时,共享治理最有可能是一种有效的形式。"但此时,"信任关系必须是紧密的,这样网络成员之间就可以共享信任感知"。Provan 和 Patrick Kenis 提出了"信任密度"(trust density)的概念,它"意味着网络中的许多人彼此信任,从而提供一个基于信任的紧密联系网"。当信任密度较低时,可能需要选择牵头组织或网络管理组织形式。③

---

① Martina Dal Molin, Cristina Masella. From Fragmentation to Comprehensiveness in Network Governance [J]. Public Organiz Rev. 2016:499.
② Martina Dal Molin, Cristina Masella. From Fragmentation to Comprehensiveness in Network Governance [J]. Public Organiz Rev. 2016:497.
③ Keith G Provan, Patrick Kenis. Modes of Network Governance: Structure, Management, and Effectiveness [J]. Journal of Public Administration Research and Theory. 2007:237-238.

规模"关系到网络中所涉及要素的数量"。数量增加，协调路线及协调活动增加，网络内治理活动的复杂性随之增加。① 当网络的组织成员数量较少时，可以选择"共享形式"。当此类网络出现问题时，合作伙伴可以充分积极地面对面参与。当网络成员增加时，共享治理效率较低，因为参与者要花费大量时间试图在 10 个、20 个或更多的组织之间进行协调。当参与者分布在不同的地理位置时，网络复杂性问题尤其突出。"当关系治理变得复杂时，由于不同参与者的数量增加，任何一种形式都更有可能比自我治理更有效地实现网络层面的目标。"为此，需要考虑选择牵头组织或网络管理组织形式以集中进行网络治理活动。"通过集中治理，参与者不再需要直接相互交流，而是可以直接与领导组织或网络管理组织进行交流，以协调网络层面需求"。虽然没有明确多少数量的网络成员对应哪种治理方式，但"共享治理形式似乎最有可能对少于 8 个组织有效"。其他因素对于选择治理形式也有影响，但总的说来，"在参与者数量最多的网络中，网络管理组织形式可能最有效。因为它有自己独特的管理结构，它能够处理更多不同的参与者。"②

Provan 和 Patrick Kenis 认为，"目标一致对网络治理具有重要意义"。事实上，不同网络和网络不同成员之间在网络层面目标的一致性方面存在很大差异。"当参与者通常可以就网络层面的目标达成一致时，自我治理形式可能最有效"。因为，"在这一背景下，参与组织可以在不发生重大冲突的情况下共同工作，各自为广泛的网络目标作贡献，同时实现各自的目标"。而"当目标共识非常低时，网络参与形式可能毫无意义"。"在目标共识的中间层面上，领导机构或网络管理组织形式可能比自我治理更合适"。更具体地说，"当网络参与者的目标共识较低时，领导机构形式很可能出现；而当所涉及组织之间的目标共识处于较高范围时，则可能出现网络管理组织形式。"③

网络成员执行的任务性质和网络面临的外部需求，对网络的能力提出了不

---

① Martina Dal Molin, Cristina Masella. From Fragmentation to Comprehensiveness in Network Governance [J]. Public Organiz Rev. 2016：497.
② Keith G Provan, Patrick Kenis. Modes of Network Governance：Structure, Management, and Effectiveness [J]. Journal of Public Administration Research and Theory. 2007：238-239.
③ Keith G Provan, Patrick Kenis. Modes of Network Governance：Structure, Management, and Effectiveness [J]. Journal of Public Administration Research and Theory. 2007：239-240.

同的要求。Provan 和 Patrick Kenis 提出，如果要求网络成员相互依赖，则要求网络具有协调能力和执行具体任务的能力，因为需求都将被放置在各个网络成员身上，而这些成员可能不具备满足需求的技能。领导组织或网络管理组织形式更有利于完成这类任务，因为这两种模式"能够更好地开发与网络层面需求相关的专业技能。"网络对外部的需求不同，对能力的要求也不同，要依据不同的外部需求选择不同的治理形式。如对"来自外部出资人的协调活动或对其要求和法规做出高度响应"，以及要求网络"采取集中行动"（共享治理形式则难以实现这一行动）。与共享治理形式相比，领导组织治理形式则更适合满足网络层面的以上行动需求。虽然领导组织治理形式可能拥有自己的特定技能和能力，而这些技能和能力与网络成员的集体需求不完全匹配。[①]

基于以上观点，Provan 和 Patrick Kenis 总结了信任、参与者数量、目标一致性和网络层面能力要求与网络治理形式之间的关系，具体体现在网络治理形式有效性的关键预测因素表，见表2-1。

表2-1　网络治理形式有效性的关键预测因素[②]

治理形式	信任	参与者数量	目标一致性	网络层面能力要求
共享治理	高密度	少	高	低
牵头组织	低密度、高度集中	中等	较低	适度
网络管制组织	中等密度，成员监督网络管理组织形式	中到多	中等	高

2.2.2.4　网络治理的结果与评估

网络治理虽然能够在一定程度上体现网络成员主动性的发挥，但同时也由于网络成员之间观点经常存在不一致，以及成员之间协商过程需要时间等因素，

---

① Keith G Provan, Patrick Kenis. Modes of Network Governance: Structure, Management, and Effectiveness [J]. Journal of Public Administration Research and Theory. 2007: 240-241.
② Keith G Provan, Patrick Kenis. Modes of Network Governance: Structure, Management, and Effectiveness [J]. Journal of Public Administration Research and Theory. 2007: 237.

网络治理的有效性是不同的，需要用不同措施"来衡量服务交付网络的有效性"①。

为了发挥网络治理的有效性问题，一些学者提出了衡量网络治理有效性的维度。基于过去的研究，Sørensen 和 Torfing 认为"有效性可能是评估网络治理结果的一个合适维度，但对它的实际含义缺乏明确的理解"。他们提出，评估网络治理的有效性应与评估分层治理或市场治理的维度不同，需要从五个方面来评价网络治理的有效性，即"目标实现程度""目标与政治背景的一致性""加强相互依赖性""调动关键资源"，以及"相关要素之间合作的制度化"。在他们看来，前两个方面，涉及公共项目目标，"源自非直接干涉工具，特别是网络设计和网络框架"。而"关键资源的调动与网络管理有关，因为关键要素和关键资源的确定是每个网络管理者的基本任务"。至于"相关要素之间合作的制度化"，则"与网络参与工具相联系，重点关注参与要素之间建立稳定合作的程度。"②

由于网络成员处于网络中的不同位置，所占资源不同，存在民主性问题。为了解决网络治理的民主性问题，意大利学者 Martina Dal Molin 和 Cristina Masella 提出了评估网络治理民主的标准，即"过程透明度""基于绩效评估的资源分配""关键要素的授权""增加参与度"，以及"决策过程中的谈判"。他们进一步解释了"透明度中的资源配置和改进分别与网络框架和网络设计相关。事实上，这两个标准应该只在远处建立，因为它们似乎涉及某种程度的权威（合法化的权力）"。薄弱因素的赋权"来自网络管理，并且随着关键利益相关者的确定，代表了网络管理者的中心任务"。同样，"网络经理也可以推动更多的参与要素"。最后，基于协商的决策"与网络参与有关，因为它是基于涉及越来越多的要素来确定商定的解决方案和共享策略的。"③

---

① Martina Dal Molin, Cristina Masella. From Fragmentation to Comprehensiveness in Network Governance [J]. Public Organiz Rev. 2016：500.
②③ Martina Dal Molin & Cristina Masella. From Fragmentation to Comprehensiveness in Network Governance [J]. Public Organiz Rev. 2016：504.

2.2.2.5 网络治理与等级控制和市场竞争监管的区别

网络治理理论家声称"网络治理是一种独特的治理机制，它为国家和市场提供了另一种选择"。Eva Sørensen 和 Jacob Torfing 在总结有关理论的基础上提出可以从三个方面将网络治理区别于国家的等级控制和市场的竞争监管。

（1）网络治理是多中心治理，"网络治理涉及大量相互依赖的行动者，这些行动者相互作用以产生公共目的。"而国家规则的治理是单中心治理，竞争性市场监管是建立在无数自利行为体的基础上的，他们"不受任何共同议程、目的或承诺的约束"。

（2）网络治理以理性谈判为基础，国家治理以实质理性为基础，而市场治理则是程序理性。网络治理"在相互依存和自主行动者之间通过谈判做出决策并管理各种问题"，以促进成员之间的协调。

（3）信任和政治义务是网络治理确保遵守重要决策的手段，国家则是通过法律制裁来确保合规性，市场则是出于对市场经济损失的担心。随着时间的推移，这些信任和政治义务由"自我构成的规则和规范来维持。"①

网络治理、国家治理和市场治理各有其独特性，各有优缺点。这意味着"社会治理必须基于国家治理、市场治理和网络治理之间的务实选择，或这些不同治理模式的正确组合"，决策者需要"根据现有的治理任务或政策问题"，选择不同的治理机制。②

2.2.3 "元治理"理论

由于"网络不是自发形成的，可能导致僵局、糟糕和有偏见的决策或无方向的共识"，网络治理存在失败的风险，但这种风险"可以通过实施元治理（meta-governance）来降低"。近年来，"元治理"概念受到越来越多的学者的关注，2009年以后的实证研究尤其如此。"元治理"理论与其他治理理论的区别在

---

① Eva Sørensen, Jacob Torfing. The Democratic Anchorage of Governance Networks [J]. Scandinavian Political Studies, 2005, 28 (3): 197-198.
② Eva Sørensen, Jacob Torfing. The Democratic Anchorage of Governance Networks [J]. Scandinavian Political Studies, 2005, 28 (3): 198.

于强调国家在治理中的重要作用。

2.2.3.1 背景

网络治理有许多不足。有学者认为,"网络是一种不稳定的结构","效率也不如市场和层级",而且"网络并不'民主'"。①当网络成员意见不能一致时,网络治理就会失败。因此,有学者认为,网络是一种治理形式,不一定比其他治理形式更优越。

Eva Sørensen 和 Jacob Torfing 对以上问题进行了比较详细的解析。他们认为,由于网络治理成员追求自己利益最大化而非网络治理的共同目标,一些网络成员没有实现诺言,会导致其他网络成员停止对网络的投入,进而使网络遭到破坏。此外,由于在网络中所处的位置不同,所掌握的资源也不同,网络治理也存在"民主"问题并"会制造冲突与僵局"②。

为确保网络治理更加有效和民主,提高包括网络治理在内的治理模式的有效性,有学者提出有必要实施"元治理",以"提高网络治理的稳定性、协作和合作行动"③。

2.2.3.2 概念

治理理论家们没有清楚地界定"元治理"的概念。"元治理"的英文为"meta-governance",最早由英国著名政治理论家 Bob Jessop 于 1997 年提出④。

Bob Jessop 认为,"'元治理'并不等于安装了一个单一的治理模式。相反,它涉及对复杂性和多样性的管理",是通过"自我组织的组织"来实现⑤。"元

---

① 李澄. 元治理理论综述 [J]. 前沿, 2013 (21): 124.
② Eva Sørensen, Jacob Torfing. Making Governance Networks Effective and Democratic Through Metagovernance [J]. Public Administration, 2009, 87 (2): 234-258.
③ Eva Sørensen, Jacob Torfing. Theoretical Approaches to Metagovernance [M]. Basingstoke: Palgrave Macmillan, 2007.
④ Jessop. Capitalism and its future: remarks on regulation, government and governance [J]. Review of International Political Economy, 1997 (4).
⑤ Jessop. The rise of governance and the risk of failure: The case of economic development [Z]. Oxford, UK: Basil Blackwell. 1998: 42.

治理"的目的是要克服治理失灵,追求科层制、市场和网络三种治理的协调。① 丹麦学者 Eva Sørensen 持有与 Jessop 相同的观点。她认为,"'元治理'是加强碎片化政治体系协调性治理的一种方式",这种碎片化政治体系"以多个自治网络和机构高度自治为基础"。"元治理"是"一种间接的治理形式,通过影响自我治理的各个过程来实施","元治理"即是"自我-组织的组织"。Eva Sørensen 还认为,"事实上,'元治理'被正确地描述为一个伞形概念,用于管理各种理论家建议的自我调节的分散的多个工具箱"②。荷兰学者 Louis Meuleman 则进一步解释"元治理"的内涵,即"元治理可以定义为对治理的治理"。③

基于以上学者观点,可以发现,"元治理"基于多种治理形式所存问题的提出,它是对多种形式治理的治理,这种治理通过制度、规则、协调等方式实现。

2.2.3.3 政府在"元治理"中的作用

政府在"元治理"中发挥重大作用,是"元治理"的主体。不同学者使用了不同的术语,如"政府""政治权威"和"公共当局"等。Jessop 认为,"政府具有基本的'元治理'作用"④,Mark Whitehead 提出"元治理主体是政治权威"⑤,而 Haveri、Baker 和 Stoker 等学者进一步提出,"元治理"代表"公共当局……的努力"⑥。

政府、政治权威和公共当局之所以是"元治理"的主体,是因为政府"定义了组织之间的法律法规,调解行动者之间的对话,解决争端,最后确定了行动者预期采取行动的战略背景"⑦。总之,"公共当局通过不同的规则或其他策略设定来指导网络的努力,代表了网络的经验性治理方式。"⑧

---

① Bob Jessop. The rise of governance and the risks of failure: the case of economic development [J]. International Social Science Journal, 1998, 50 (155): 29-45.
② Eva Sørensen. Metagovernance The Changing Role of Politicians in Processes of Democratic Governance [J]. American Review of Public Administration, 2006, 36 (1): 100-101.
③⑦⑧ Martina Dal Molin, Cristina Masella. From Fragmentation to Comprehensiveness in Network Governance [J]. Public Organiz Rev, 2016 (16): 494.
④⑤ Martina Dal Molin, Cristina Masella. From Fragmentation to Comprehensiveness in Network Governance [J]. Public Organiz Rev, 2016 (16): 499.
⑥ Mark Whitehead. In the Shadow of Hierarchy: Metagovernance, Policy Reform and Urban Regeneration in the West Midlands [J]. Area, 2003, 35 (1): 7-8.

分析"元治理"的方式可以发现，政府在"元治理"中发挥作用的方式与以往不同。国家不是"直接通过国家官僚机构"或自己直接"划船"，而是"确保国家在治理协调以及利用谈判、外交和更非正式的指导模式方面的作用"。其他自愿或私营部门团体，或者是独立于核心执行官的政府机构或政府层面组织，则"承担着管理的大部分工作；他们执行政策，提供公共服务，有时甚至管理自己"。Rhodes 持有相同观点，他在《治理的浪潮》一文中提出，对于"元治理"而言，"强制或监管工具变得不那么重要，而……'软'工具变得更重要"。通过调整市场和网络等治理结构的组合，以及利用间接控制工具，重新加强治理能力，使得国家不能被"挖空"。Haveri、Baker 和 Stoker 等学者提出，在"元治理"中，公共当局的治理工具是"规则""策略设定"，是"网络的经验性治理方式"[①]。总之，"元治理"希望通过制度和战略"形成一个语境，使不同的自组织安排得以实现"。因此，官方机构"最好也不过是同辈中的长者"，国家是"对话的主要组织者"，是"保证团结的总机构"，是规则的制定者，并要"使有关各方遵循和运用规章制度"[②]。

2.2.3.4 "元治理"工具

在分析大多数建议的基础上，丹麦学者 Sørensen 和 Torfing 提出了如下四类"元治理"工具：设计、框架、管理和参与。这些工具可划分为不干涉工具（hands-off tools）和干涉工具（hands-on tools）。

网络设计和框架"通常是不干涉工具，因为它们在远离网络参与者的地方实施，并且与特定经济和政治框架的定义相关"。网络管理和参与"则是干涉工具，因为它们具有与网络参与者直接互动的特征"。网络设计的目的，"在于影响网络范围、特点和制度程序"。设计的网络有利于形成具体的治理安排、界定具体规则的范畴，并通过赋予某些要素额外资源而赋予权力。网络框架用来确定"网络的政治目标、财政条件和法律基础"。网络管理"旨在减少参与者之间可能出现的紧张关系"，而网络参与旨在"影响政府掌握的政策议程和可能的备

---

①② 鲍勃·杰索普. 治理的兴起及其失败的风险：以经济发展为例的论述 [J]. 国际社会科学杂志（中文版），1999（2）：45.

选方案范围，以及与网络有关的政策产出。"①

在原有研究的基础上，Jessop 细化了对治理工具的内容。他提出，设计作为治理工具，其对象包括市场、宪法和网络关系。要对以上对象进行重新设计，以形成更有效的激励机制，调整相关主体的行动任务和活动范围并使之间的合作关系更为积极。最终，要在治理主体间"培育信任、忠诚、守信，使治理运行过程更为平顺。"

委托-代理理论、网络治理理论和"元治理"理论所涉及的治理主体不同，治理工具不同，治理条件也不同，每种治理方式都有自己的侧重点和特点。在治理过程中，需要结合具体条件和任务，结合使用多种治理理论。

---

① Martina Dal Molin, Cristina Masella. From Fragmentation to Comprehensiveness in Network Governance [J]. Public Organiz Rev, 2016 (16): 499-500.

第3章
英国学徒制治理新体系研究：基于内容的分析

英国认为"学徒制是我们（英国）将建立的体系的核心"，学徒制"将个人聚集在一起"，积极工作努力发展自己；使雇主"为自己的成功投资"，同时"支持具有更广泛社会、环境和经济价值的计划"；政府的职责是"提供公共资金，并建立该计划的声望和声誉"。[①] 学徒制改革与发展成为21世纪尤其是金融危机以来英国技能开发的重点内容。通过改革，英国形成了学徒制治理新体系。在国家、网络，以及网络内执行成员层面，不同治理主体通过使用不同的治理工具和方式，发挥了不同的治理功能，实现了政府发挥"掌舵"功能，规范学徒制发展的目标、内容、方向与环境；其他主体执行"划船"任务，在制度框架内自主工作。

---

① Department for Business Innovation and Skills. Skills for Sustainable Growth Strategy Document Full Report [R]. 2010: 7.

3.1 英国学徒制改革政策研究

进入21世纪以来，英国政府颁布了《为增长而开发技能》（2009年）、《为可持续发展而开发技能》（2010年）、《英格兰学徒制的未来：执行计划》（2013年）、《英国学徒制：我们的2020愿景》（2015年）、《16岁后技能计划》（2016年），以及《学徒制问责声明》（2017年）等政策性文件。这些政策内容的实施，极大地促进了学徒制在英国的发展，也在制度层面上为实现2020年英格兰新注册学徒数达到300万目标提供了政策保障。

3.1.1 学徒制成果，英国政策的结果与依据

近年来，英国学徒制快速发展，得到了雇主、学徒，以及政府的高度认可。学徒制的这种发展，一方面是英国学徒制改革发展政策的结果，另一方面也为英国政府继续实施大力发展学徒制的政策奠定了事实依据。

英国学徒制改革极大地促进了学徒人数的增加。以英格兰为例，1996/1997学年英格兰新学徒数只有6.5万，2005/2006学年新学徒数为17.5万，2008/2009学年上升至24万，2009/2010学年进一步上升为28万[1]。除2013/2014学年为44万外，2011/2012~2015/2016学年的新学徒人数均超过了50万[2]，可以说英国学徒制改革取得了较大成果。具体内容如图3-1所示。

---

[1] James Mirza-Davies. Apprenticeships Policy, England prior to 2010 [R]. Briefing Paper, House of Commons Library. 2015: 9.
[2] Andrew Powell. Apprenticeship Statistics: England [Z]. Briefing Paper, House of Commons Library, 2019: 6.

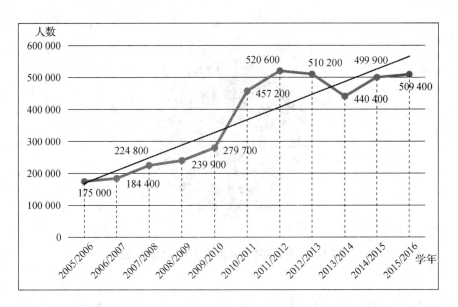

图 3-1 英格兰新增学徒数统计图（2005/2006~2015/2016 学年）

英格兰学徒制培训大量集中在中级层次水平，这一层次占所有新注册学徒人数的 60%。高级层次水平学徒排第二，占 36%。高等学徒人数最少，仅占 4%（图 3-2）。

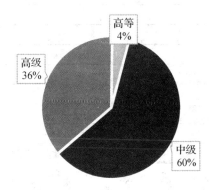

图 3-2 英格兰 2014/2015 学年学徒级别占比统计图

新注册学徒中，25 岁以上的人数最多，占到 44%；19~24 岁其次，占 30.2%；16~18 岁学徒占 25.8%。具体内容如图 3-3 所示。

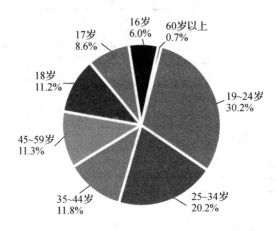

图 3-3 英格兰不同年龄段学徒人数占比图

英国第三产业发达,这种情况也体现在选择不同专业的新学徒位置数量上。2015/2016 年度,选择商业、管理与法律,健康、公共服务与关怀,以及零售与商业企业专业的学徒人数最多,其次是工程与制造技术,建筑、规划与建筑环境专业等。具体内容如图 3-4 所示。

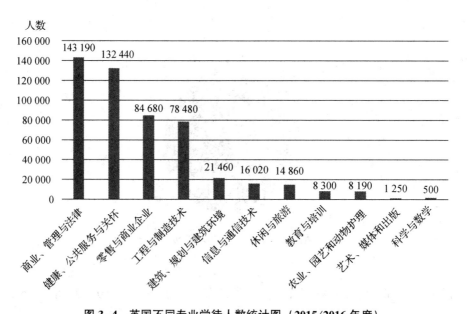

图 3-4 英国不同专业学徒人数统计图 (2015/2016 年度)

与学徒人数快速增加相关,英国形成了一个学徒制培训提供者和终点评估机构的网络。英国学徒制培训者注册机构和终点评估注册机构规模较大。截止到 2019 年 4 月 18 日，教育与技能拨款局（ESFA）的学徒制培训提供者注册名单（register of apprenticeship training providers）中共有 2 547 个机构，在终点评估机构名单（Register of end-point assessment organisations）中有 227 家终点评估机构。

英国学徒制之所以得到较快发展，因为它的实施给学徒、雇主和社会经济发展带来了极大的利益。学徒们普遍对所接受的学徒制培训感到满意。2014 年对学徒的一项评估表明，85%的学徒表示他们从事工作的能力得到提高，83%的学徒表示他们的职业前景得到改善。总体说来，学徒们对所接受学徒制培训的满意度达到 89%①。不仅如此，研究表明，完成 4 级或以上学徒制培训的学徒们在他们的一生中平均可以多赚 15 万英镑②；2 级学徒可多赚 4.8 万至 7.4 万英镑；3 级学徒可以多赚 7.7 万至 11.7 万英镑③。

绝大多数雇主也对学徒制感到满意，满意度为 82%。因为学徒制的实施，雇主可以获得本企业所需员工。调查表明，65%的雇主提出近期在企业完成学徒制培训的所有人员仍在为自己工作，④ 70%的雇主认为通过学徒制培训提高了企业的产品质量或提升了服务水平⑤。而且，雇主对学徒培训的成本在培训完成后的 1~2 年内通过学徒生产率的提高而能够得到补偿。为此，84%的雇主计划继续提供学徒制培训，其中约 1/3 的雇主计划增加学徒培训人数。由于认识到学徒制的意义，83%的雇主主张实施学徒制，有 40%的雇主愿意主动向其他雇主推荐学徒制。⑥

英国政府对学徒制的实施也感到满意，因为学徒制的实施，促进了英国经济的发展。研究表明，政府对第 2 和第 3 级学徒制的每一英镑的投资，可以获得 26~28 英镑的回报。

英国学徒制受到各方欢迎的事实，在英国的制造业中也得到了具体体现。

---

① Department for Business Innovation and Skills. Apprenticeship Evaluation: learners [Z]. December, 2014.
② AAT and CEBR. University education-is this the best route into employment? [Z]. 2013.
③ London Economics. BIS Research Paper Number 53, Returns to Intermediate and Low Level Vocational Qualifications [R], 2011.
④ Department for Educaiton. Apprenticeships evaluation 2017: employers. Research report [R]. 2017：11.
⑤ Department for Business Innovation and Skills. Apprenticeship Evaluation: survey of employers [R]. 2014.
⑥ Department for Educaiton. Apprenticeships evaluation 2017: employers. Research report [R]. November 2017：13.

英国科学、工程和制造技术联盟（SEMTA）是先进制造业和工程行业的行业技能委员会，是由雇主领导的非营利性组织。工业学徒委员会（Industry Apprentice Council，IAC）是 SEMTA 集团的一部分，每年对全行业学徒进行调查并发布年度报告。工业学徒委员会的 2018 年度报告表明，学徒制在英国先进制造业和工程行业中大受欢迎。调查表明，有 91% 的父母支持或非常支持他们的孩子选择学徒制；85% 的学徒认为他们接受的学徒培训质量较好或很好；96% 的工业学徒正在为注册资格而学习；79% 的学徒认为得到了公平或很好的报酬；91% 的学徒高兴或很高兴他们自己做出的学徒制选择；约有 90% 的家长会向其他的家长推荐学徒制；82% 的学徒在培训结束后希望在相同企业就业；有 90% 的学徒表示希望未来五年内在相同行业中就业。

尽管近年来学徒制在英国得到较大发展，但与澳大利亚、瑞士、德国、法国等国家相比，英国的学徒制发展还有很大发展空间。2008~2009 年，每一千名雇员中的学徒数，瑞士有 43 人，德国有 40 人，澳大利亚有 39 人，奥地利有 33 人，法国有 17 人，而英国只有 11 人。英国参与学徒制的雇主比例也要比以上国家低。例如，奥地利约 25% 的雇主雇佣学徒，德国是 24%，澳大利亚是 30%[①]。相比之下，英国只有 15% 的机构具有或提供了学徒制培训[②]。一方面，学徒制给英国的学徒、雇主和经济发展带来极大利益；另一方面，学徒数量在英国还很不足。为此，英国政府提出了到 2020 年，英格兰新注册学徒的数量要达到 300 万的目标。

3.1.2 学徒制改革，英国技能开发政策的一贯内容

2008 年美国金融危机后，英国政府对国家的发展进行了深刻反思，认为"经济复苏和长期繁荣将不仅需要具有高技能，而且需要具有合适技能并能够适应不断变化的经济的人们。"学徒制一直是英国技能开发政策的核心内容，政府很多的战略性文件都将学徒制发展作为重点内容和发展方向。

---

① Hilary Steedman. The State of Apprenticeship in 2010，Apprenticeship Ambassadors Network [R]. 2010：2.
② UKCES. Employer Perspectives survey [R]. 2014.

英国商务创新与技能部在 2009 年发布的《为增长而提高技能：国家技能战略》中提出要"扩大学徒制，建立一个新的技术员阶级"，扩大学徒制的目标是"使 19~30 岁的高级学徒人数翻一番"。为了提升学徒制的吸引力，这一"战略"还提出要"增加高级学徒进入高等教育的机会。"①

英国政府对学徒制成果高度认可。2010 年英国政府在《为可持续发展而投资技能》这一战略性文件中指出，学徒制"作为高质量的项目而一直得到认可和重视，因为学徒制为学徒及其雇主提供了卓越的成果"，所以英国"正在增加对学徒制的投资。"该文件还决定"优先投资教学，支持低技能水平学习者和弱势群体，以及学徒制"等内容②。

《为可持续发展而开发技能》也认为"所有年龄段的学徒制计划都已成功"，但同时认为，"经济发展对中级和更高级水平技能的人有越来越多的需求"，所以，要重塑学徒制，"使 3 级（而不是 2 级）成为学习者和雇主期望的层级"，该文件进而提出，"学徒制还将为更高层次的进一步学习奠定基础。"此外，该文件承诺增加学徒数量，使更多的学习者和雇主从学徒制中受益。为实现这一承诺，英国"重新划拨 1.5 亿英镑，以在今年（2010 年）早些时候再提供 5 万个学徒培训位置"③ 等。

2013 年和 2015 年分别颁布的《英国学徒的未来：实施计划》及《英国学徒制：我们的 2020 愿景》，是英国政府专门为促进学徒制发展而发布的政策性文件。前者对学徒制的内涵、学徒制的对象，学徒制的新方法、学徒制如何开展、学徒制评估等内容进行了全面的规定④，后者对提升学徒制质量、雇主在学徒制中的地位、进入学徒制的路线，以及经费资助等方面进行了全面的规定⑤。2016 年颁布的《16 岁后技能计划》重申了《英国学徒制：我们的 2020 愿景》的有关内容，学徒制作为以雇主为基础的技术教育类型与学校为基础的技术教育相平行，列入了英格兰 16 岁后技能计划中⑥。

---

① Department for Business Innovational and Skills. Skills for growth：The national skills strategy [Z]. 2009：28.
② BIS. Investing in Skills for Sustainable Growth [Z]. 2010：8.
③ BIS. Skills for Sustainable Growth [Z]. 2010：17-19.
④ HM Government. The Future of Apprenticeships in England：Implementation Plan [Z], 2013.
⑤ HM Government. English Apprenticeships：Our 2020 Vision [Z]. 2015.
⑥ BIS, DfE. Post-16 Skills Plan [Z]. 2016.

英国的一些法律条文也对学徒制相关工作做出了规定。如英国的《福利改革和工作法案2016》明确规定政府每年要报告2020年英国学徒制目标的实现情况。2016年《企业法》对学徒制的内涵、学徒协议的内容也进行了规定。

2017年是英国政府对学徒制改革力度最大的一年。这一年，英国政府发布了《学徒制问责声明》，实施了学徒制税，并成立了学徒制局。尤其是《学徒制问责声明》，明确了学徒制相关各方的职责及其关系，标志着学徒制治理新体系的形成。

3.1.3 英国学徒制改革内容：基于政策的分析

基于对英国近年来颁布实施的有关政策性文件的分析，本书认为，英国学徒制改革政策主要体现在明确"学徒制"的内涵、雇主主导、注重学徒职业生涯发展能力，以及构建学徒制治理保障体系等方面。

3.1.3.1 明确"学徒制"内涵

英国存在滥用"学徒制"术语的问题，这非常不利于"学徒制"的健康发展。2012年11月《理查德学徒制审查》报告指出"不是所有的在岗培训都是学徒制"。对于什么是学徒制，该报告提出"学徒制要求一种新的工作角色，这种角色对于个人来说是新的"，要有效承担这种工作角色，"要求学习大量内容"。该报告进一步解释说"没有工作的'学徒制'是一种职业培训的形式"，而"在一种旧工作上的'学徒制'是在岗培训"[1]。为此，该报告提出需要重新界定学徒制。

英国政府采纳了《理查德学徒制审查》报告的有关建议。通过政策性文件和法律条文，对学徒制的内涵进行了界定，以确保"学徒制"术语的正确使用。英国政府在《英国学徒制：我们的2020愿景》中提出，"学徒是技能性职业中的一种工作"，这种工作"要求大量和持续的培训，持续时间至少12个月，其中至少有20%的时间是离岗培训"。这种培训不仅要培养学生具体工作的能力，

---

[1] Doug Richard. The Richard Review Apprenticeships [R]. 2012: 4-5.

而且要培养学生职业生涯的发展能力,为此要"开发可转移的技能、英语和数学能力",即要具有"学徒制标准成绩所证明的在一种职业中的全部能力",并达到"申请专业认可所需的水平"[①]。

2016年《企业法》对学徒制的内涵进行了严格的界定,该法规定"只有法定的学徒制才被称为学徒制"。"法定的学徒制"是指"提供的或者在如下条件下将要提供的课程或培训"。这些条件包括:"获批准的英格兰学徒制,第32部分界定内涵的学徒培训协议,承担任何其他工作类型的安排,在1973年《就业和培训法》第2条、《1995年求职者法令》第17B(1)条、《1990年企业及新市镇(苏格兰)法令》第2(3)条,以及1950年《北爱尔兰就业和培训法》第1条的基础上制定的协议"。其中,"第32部分界定内涵的学徒培训协议"是指英国《学徒、技能和儿童学习法案2009第22章》第32条的具体内容。这一条规定学徒培训协议要符合如下条件:"①某人("学徒")承诺根据该协议为另一人("雇主")工作;②该协议要用规定的格式;③该协议声明它受英格兰和威尔士的法律管理;④该协议声明它是"与符合资格的学徒制度框架有关。"协议格式需要指明学徒协议必须包括的内容以及不得列入的内容等。

3.1.3.2 将雇主置于学徒制的"驾驶席"上

英国政府希望通过改革,使雇主"对学徒制具有全面拥有感",并"成为学徒制的主要倡导者"[②]。英国政府这一意志通过多个政策性文件一再强化,也通过实施雇主主导的学徒制标准的开发,设立主要由雇主组成的管理学徒制的机构——学徒制局等措施,使雇主在学徒制实施过程中真正发挥主导作用。

1. 雇主主导学徒标准开发

针对英国现行学徒框架内容所存在的问题,英国政府提出由雇主牵头开发学徒标准,学徒标准要逐步替代学徒制框架。

英国政府在《英国学徒制:我们的2020愿景》中提出,有些学徒制框架是

---

① HM Government. English Apprenticeships: Our 2020 Vision [Z]. 2015: 11.
② HM Government. English Apprenticeships: Our 2020 Vision [Z]. 2015: 21.

"过度规定、内容复杂并赘长"，有些则"缺乏必要的细节"①，雇主们对这种状况不满意，认为这些学徒制框架不能使青年人获得从事工作的能力。英国政府在 2016 年 7 月颁布的《16 岁后技能计划》中承认，尽管英国取得了很大进步，但总体说来英国的职业教育体系并没有培养足够的人员，以及足够高质量的正确的技能和技术知识，为此，雇主、年轻人和家长不认为这一体系具有吸引力。英国政府认同了《理查德学徒制审查报告》的观点，认为导致这一问题的原因是标准和资格经常由包括颁证机构等在内的中间机构负责，而不是由真正的雇主制定②。为此，英国希望通过学徒制改革，由雇主直接负责学徒标准的开发，以满足雇主的要求③。

2013 年，英国政府在《英格兰学徒制的未来：执行计划》中就提出"未来，学徒制将以雇主设计的标准为基础，以满足雇主、行业和更广泛的经济的需求"。英国决定用学徒标准取代学徒框架。学徒标准"将是简短易懂的文件，它描述掌握具体职业以及在职业中自信操作所需技能、知识和能力水平"④。学徒标准内容框架见附录 2。学徒标准的批准，必须得到包括小企业在内的雇主的支持。为此，英格兰设计了开拓者项目（Trailblazer projects）。这一项目由雇主牵头，与专业机构共同开发新的学徒标准和评估方法。学徒制局"在 15 个职业领域建立了一个由 100 多位行业领导者组成的网络"，形成了 15 个专业小组（route panels），以保证每一个经批准的学徒标准都符合行业要求。截止到 2017 年 2 月 21 日，2 600 多名雇主参与了设计新学徒标准，已出版了 270 个学徒标准。截止到 2018 年 3 月底，已批准或正在开发的学徒标准绝大部分属于高级或高等学徒标准，即超过 70% 的处于 3 级或以上。与框架相比，高级和高等学徒标准更受欢迎。选择标准的新学徒中约有 20% 选择了 4 级、5 级和 6 级学徒标准，选择学徒框架的学徒只有 5% 的新学徒选择较高层级。

学徒标准由雇主牵头设计，反映了职业能力要求。学徒标准自推出以来，

---

① HM Government. English Apprenticeships: Our 2020 Vision [Z]. 2015: 12.
② Department for Business Innovation and Skills, Department for Education. Post-16 Skills Plan [Z]. 2016: 11.
③ HM Government. English Apprenticeships: Our 2020 Vision [Z]. 2015: 17.
④ HM Government. The Future of Apprenticeships in England: Implementation Plan [Z]. 2013: 4.

在学徒制项目中应用的比例上升很快。2016/2017学年，只有5%的学徒学习学徒标准项目，这一比例在2017/2018学年上升至43.6%。2014年9月至2017/2018学年年底，共有19.3万新学徒选择了学徒标准。英国政府承诺，到2020/2021学年，所有学徒都将使用学徒标准，届时所有学徒制框架都将被取消。

2. 建立由雇主主导的学徒制局

为保证学徒制质量，使学徒制培训更好地满足雇主要求，英国于2017年4月成立了学徒制局，这是英国学徒制改革的重要举措。

2015年12月，英国政府在《英国学徒制：我们的2020愿景》中提出要建立一个由雇主领导的新的独立机构——学徒制局，以管理学徒制的质量[1]。2016年1月，《16岁后技能计划》进一步提出，学徒制局要在2017年4月前成立。2016年《企业法》（第12章）第四部分第22条对学徒制局的相关内容做出了法律解释[2]。2017年1月英国教育部发布了《学徒制局战略指南草案》（政府咨询报告），就学徒制局的功能与指南等内容征求意见。

学徒制局旨在帮助并确保学徒制改革的质量。学徒制局与一些相关组织（如Ofsted[3]和Ofqual[4]）一起，与关键合作伙伴建立了牢固的工作关系，以保证高质量的学徒制培训。学徒制局设立了一个由独立主席领导的小型董事会，成员主要由雇主和商业领袖组成。法律规定了学徒制局的三大核心职能：①制定学徒制标准和评估计划的质量标准；②审查、批准或拒绝以上标准；③确保所有终点评估有质量保证。此外，学徒制局还对政府可用于标准的最高资金水平提供咨询意见。将来，学徒制局的职责还将进一步拓展，学徒制局的职责还将涉及所有的技术教育，以保证后者为雇主服务[5]。

3. 建立企业参与学徒制的激励机制

为使更多企业参与学徒制，英国决定实施学徒制税，修改公共采购规则，

---

[1] HM Government. English Apprenticeships: Our 2020 Vision [Z]. 2015: 42.
[2] Enterprise Act 2016 [Z]. Chapter 12. 2016: 36-37.
[3] Ofsted：全称为Office for Standards in Education, Children's Services and Skills，即教育、儿童服务和技能标准办公室。
[4] Ofqual：全称为Office of Qualifications and Examinations Regulation，即资格与考试办公室。
[5] Department for Education. Draft Strategic Guidance to the Institute for Apprenticeships (Government consultation) [Z]. 2017.

以形成企业参与学徒制的长效机制。

学徒制税于 2017 年 4 月 6 日生效。学徒制税是对英国雇主征收资助新学徒制的税。那些年度工资总数超过 300 万英镑的企业要缴纳这一税种，税率为企业工资总额的 0.5%。据预算，2019—2020 年，学徒制税预计可达 30 亿英镑，而英格兰学徒制的支出将达 25 亿英镑[①]。

英国于 2015 年 9 月 1 日起实施新的公共采购政策。英国政府认为，"虽然采购决策应始终以质量/成本/风险为基础，但这可以考虑供应方更广泛质量的长期利益"。这里的"长期利益"是指"对技能成果的适当投资"以及"通过正式学徒制计划的发展"。为此，2015 年 8 月颁布的《采购政策说明——通过公共采购支持学徒制和技能》规定，"公共采购全额价值在 1 000 万英镑及以上、期限为 12 个月及以上的合同应支持技能开发和学徒培训"[②]。这一采购政策提出，在本规定涵盖的所有新采购中，"范围内组织必须确定学徒制和技能开发是否与合同的主题事项充分相关，以便作为招标和合同要求"。不仅如此，这一政策还规定"原则上，学徒制/技能应能够与本'行动说明'所涵盖合同的主题相关""在所有新采购中，学徒制和技能开发被确定为与合同主题充分相关，范围内组织应在相关采购文件中要求供应商提供其对开发和投资有关合同履行的技能开发，特别是他们根据合同对提供学徒制培训的承诺依据"[③] 等。英格兰的这一公共采购政策，将对学徒制和技能开发的贡献作为公共采购竞标的一个指标，通过这一政策助推英国政府 2020 年学徒制目标的实现。

3.1.3.3 培养学徒的发展能力

英国学徒制改革注重学徒的发展，主要体现在注重职业生涯指导，提出基本的数学、英语和数字技能要求，以及设置包括高等学徒和单位学徒在内的多层学徒制等方面。

---

① HM Government. English Apprenticeships: Our 2020 Vision [Z]. 2015: 49-50.
② Crown Commercial Service. Procurement Policy Note – SupportingApprenticeships and Skills Through Public Procurement, Action Note 14/15 [Z]. 2015: 1.
③ Crown Commercial Service. Procurement Policy Note – SupportingApprenticeships and Skills Through PublicProcurement, Action Note 14/15 [Z]. 2015: 2.

1. 注重职业生涯指导

选择适合自己的教育或培训类型，是质量保证的基础。英国注重提供并改进职业生涯指导，使学生能够在知情的前提下做出适合自己的选择。

英国《2011年教育法》第29条规定，"必须确保所有在校注册学生在教育的相关阶段得到独立的职业生涯指导"。为加强职业生涯指导，使所有年轻人都充分意识到他们可获得教育和培训的选择范围，并为学生提供支持使他们做出正确的选择，2014年12月英国政府宣布资助一个新的雇主主导的公司。为使学生更好地做出适合自己的学徒制选择，国家学徒服务中心在2015年启动了在线学徒门户网站。全国职业生涯服务中心也帮助年轻人和成人在学习、培训、工作和学徒方面做出知情选择。从2016年1月开始建立新的数字平台，帮助年轻人确定自己是否适合接受学徒培训①。

2. 提出基本的数学、英语和数字技能要求

数学、英语等学科的基础太差，在很大程度上影响着学徒培训质量的提高。在学徒制改革的进程中，英格兰对学徒提出了以上学科的基本要求。

理查德提出"学徒制应该吸引一些最好的学生，包括那些数学和英语优秀的学生"。对于那些开始接受学徒制培训时没有达到合格水平的学生，"学徒制培训内容必须包括数学和英语"，因为，"达到数学和英语的良好水平，应该是完成学徒制培训的先决条件。"为此，理查德建议"所有学徒在完成学徒制之前都应该达到英语和数学二级水平"，同时应该考虑学徒制特点，学徒制所教授数学和英语的方法应该适合学徒制的具体背景②。

英国政府采纳了理查德的以上观点，提出"我们必须保证学徒具有就业所需要的文字和计算能力"。为实现这一目标，"要求所有学徒制核心内容都要包括英语和数学"。英格兰地方政府进一步规定，"要求二级学徒完成学徒制时达到英语和数学一级水平，然后必须向二级努力"，"所有三级和四级学徒在参加终点评估时必须达到英语和数学的二级水平"③。《16岁后技能计划》沿袭了强

---

① HM Government. English Apprenticeships：Our 2020 Vision［Z］. 2015：32-34.
② Doug Richard. The Richard Review Apprenticeships［R］. 2012：18.
③ HM Government. English Apprenticeships：Our 2020 Vision［Z］. 2015：15.

调学徒基础学科能力的要求，提出"技术教育应该建立在所有学生 16 岁以前学习的核心学科和广泛而平衡的课程的基础上。如果它被视为一个'容易'的选择，它将永远不会获得它在这个国家所需要的尊重。"① 在此，技术教育包括以学校为基础和以雇主为基础的技术教育两种类型，后者主要指学徒制。英国政府决定要"继续武装学校以提供知识为本的课程"，提出了最低英语和数学要求以及所需的任何数字技能的要求②。

为确保学徒能适应不同角色和不同的雇主，并培养他们的职业发展能力，英国还提出所有雇主主导的学徒制标准都必须注重培养学徒的可转移技能，如自我管理、沟通和人际关系技能、解决问题的能力、革新和创造力等③。

3. 设置包括高等学徒和学位学徒在内的多层学徒制

为使学徒制有比较通畅的发展路径，英国设置了中级、高级、高等和学位学徒四个层级的学徒制。

英国学徒制的高等学徒包括英国资格框架体系中的 4~7 级，学位学徒（Degree Apprenticeships）相当于资格框架体系中的学士学位和硕士学位。

高级和学位学徒层级的开发旨在扩大学徒进入专业性职业的机会。截至 2017 年 2 月 21 日，英国有 100 个高等与学位学徒制，涉及法律服务、银行和工程等工作。学徒部分时间在大学学习，部分时间在雇主的企业工作，学徒可以获得完整的学士或硕士学位。学徒要参加严格的终点评估（EPA），这一评估的测试内容包括在相关专门化职业工作中所需的广泛的职业能力和学术学习能力。学位学徒制课程通过两种方式开发，一是雇主、大学和专业团体共同合作，开发一体化学徒学位课程；二是在现有学位课程的基础上，结合学徒制要求，增加一些培训。无论哪种方式，在培训结束时，学徒都需要参加全部职业能力的独立测试④。

---

① Department for Business Innovational and Skills, Department for Education. Post-16 Skills Plan [Z]. 2016: 16.
② HM Government. The Future of Apprenticeships in England: Guidance for Trailblazers-from standards to starts [Z]. 2015: 19.
③ HM Government. English Apprenticeships: Our 2020 Vision [Z]. 2015: 12.
④ HM Government. The Future of Apprenticeships in England: Guidance for Trailblazers-from standards to starts [Z]. 2015: 12-13.

3.1.3.4 注重质量保障体系的建立

为保证学徒制的质量,除了立法保护"学徒"一词以免滥用,雇主负责学徒标准和评估计划的开发以外,英国还要求执行学徒制的相关各方明确自己的责任和义务,明确质量现状,进而进行质量保障。这种保障通过学徒协议的制定,通过教育、儿童服务和技能标准办公室及资格与考试办公室等机构的质量监测与报告等措施而实现。

英国规定,每一学徒制培训都必须签订明确的协议,使学徒制参与各方,即雇主、学徒、教育和培训提供者,在学徒制实施之前了解学徒制的意义及各自的责任和义务。在学徒制协议中,学徒要对出勤、学习成绩,以及要遵守的关键行为或操作实践做出承诺。雇主要做出工资、提供给学徒时间和支持,以及确保与培训提供者建立关系等方面的承诺。培训提供者要承诺与学徒和雇主合作的方法,以确保学徒获得满足他们需要的高质量的学习[①]。此外,从2018年1月起,16~18岁青少年的学徒结果也将作为英国学校绩效表的内容而向社会公布。

英国采取的促进学徒制改革与发展的政策与措施,极大地促进了学徒制的发展,也进而促进了学徒、企业和社会的发展。英国将学徒制作为国家技能开发战略的重点内容,通过国家战略性文件与法律对学徒制的内涵进行界定,通过雇主主导标准开发与领导学徒制局而体现雇主导向,通过强调学生基础学科要求、设立高等学徒和学位学徒层级而体现学生发展,以及通过协议的签订而体现质量保障等,这些政策与做法值得我国借鉴。

3.2 英国学徒制委托-代理关系研究

英国学徒制相关者中存在广泛的委托-代理关系。通过资格设置,形成了学

---

① HM Government. English Apprenticeships: Our 2020 Vision [Z]. 2015: 16.

徒制代理人准入制度；通过协议、合同和政策法规，确定了学徒制的委托-代理关系；通过完全契约与不完全契约的共同使用，兼顾不同性质的委托-代理关系；为避免代理人的道德风险，加强了旨在信息收集的监督和评估工作。

3.2.1 学徒制中的委托-代理关系

学徒制中存在广泛的委托-代理关系。委托-代理关系的建立，可以明确谁是委托人，谁是代理人，谁要对谁负责等问题，进而可以保证学徒制的质量和顺利实施。

委托-代理关系是社会发展与职业分工的结果，也是诞生于20世纪60年代末70年代初的委托-代理理论研究的重要内容。委托-代理理论影响很大，美国两位学者由于在委托-代理理论相关内容的开创性研究而获得了2016年诺贝尔经济学奖。这一理论在政治与经济等领域得到了广泛应用。

罗斯是较早研究委托-代理关系的学者。他提出，"在两个（或多个）当事人之间，当一个人被指定为代理人，为了或代表被指定为委托人的另一当事人，在特定的决定问题领域内行动时，（委托）代理关系出现。"[①] 在罗斯看来，雇主和雇员、国家和人民之间都存在委托-代理关系。简森与麦克林进一步发展了罗斯的理论，将委托-代理关系视为"合同"关系，并且提出了委托-代理的条件。他们提出，代理关系是"一个或多个人（委托人）使其他人（代理人）代表自己而提供一些服务的合同"，为提供服务，委托人要"向代理人授予一些决策权"[②]。委托-代理关系可以理解为两个主体，即委托人和代理人；一个纽带，即协议；一个前提条件，即权利的授予。

尽管国际社会关于学徒制的概念不同，但学徒制相关者有很多共同要素，如雇主、学徒、代表企业利益的行会、代表学徒利益的工会、代表利益平衡的政府、实施学徒制的企业和职业教育与培训机构，以及服务学徒制质量的专业机构等。具体而言，德国双元制的相关者包括政府（联邦、州）、公司、行会、

---

① Stephen A Ross. The Economic Theory of Agency: The Principal's Problem [J]. The American Economic Review, 1973, 63 (2): 134.
② Michael C Jensen, William H Meckling. Theory of the Firm: Managerial Behavior, Agency Costs and Ownership Structure [J]. Journal of Financial Economics. 1976 (3): 308.

工会、学徒和职业学校,以及专业服务机构等;法国学徒制的相关者包括中央政府、学术机构、社会合作伙伴、公司、行会、学徒和生涯指导机构等;英国学徒制的相关者包括政府、学徒制局、雇主、学徒、学徒制培训者(继续教育学院、大学、私人培训机构)、学徒制标准开发者,以及行业技能委员会等。尽管现代意义的学徒制在我国尚处于试点阶段,但分析我国2014年的《教育部关于开展现代学徒制试点工作的意见》和《现代学徒制试点工作实施方案》,2015年的《人力资源和社会保障部办公厅、财政部办公厅关于开展企业新型学徒制试点工作的通知》《企业新型学徒制试点工作方案》,以及《关于印发〈老工业基地产业转型技术技能人才双元培育改革试点方案〉的通知》可以发现,政府、行业、企业、学徒、职业院校等要素就是我国学徒制试点与国外学徒制的共同相关者。

学徒制相关者之间存在着广泛的委托-代理关系。由于职责与能力的局限,政府自己不能直接开展学徒制培训、研究与试点等执行层面的工作,很多国家政府通过法律、政策与审核等形式,委托有关机构代理自己执行相关任务。与此相同,由于资格和能力的局限性,企业委托职业教育与培训机构为自己所雇佣的学徒提供理论和知识为主的学校本位的教育。在此,职业教育与培训机构受企业委托,在所规定的范围内(如学校教育),为企业所招收的学徒提供教育,开发学徒能力,为企业服务。因而,企业和学校之间也形成了委托-代理关系。

学徒制作为一种在岗培训与离岗培训相结合的成功模式,在很多国家得到了认可与推行。学徒制在一些国家发展快速,在另外一些国家则遇到很多问题与挑战,原因之一是在学徒制相关者之间没有建立明确而有效的委托-代理关系。

3.2.2 英国学徒制委托-代理关系的内涵

自20世纪90年代实施现代学徒制以来,英国政府对学徒制治理体系进行了持续改革。2017年4月英国教育部发布的《学徒制问责声明》,标志着英国建立了学徒制治理新体系,形成了比较完善的委托-代理关系。这一委托-代理关系体现了如下内涵。

3.2.2.1 涉及相关者众多

《学徒制问责声明》及相关政策性文件表明，英国学徒制的相关者众多，包括执行层面的相关者，如雇主、学徒、学徒制培训机构与终点评估机构；政策层面的相关者，如教育部；政府非行政部门的相关者，如教育与技能拨款局，教育、儿童服务和技能标准办公室，资格与考试办公室，英格兰高等教育拨款委员会；雇主导向的公共机构，如学徒制局；独立的教育专业机构，如高等教育质量保障办公室，以及学生办公室等①。以上机构在学徒制中的责任明确，相互之间衔接，形成了需求导向的学徒制治理新体系，具体内容如图3-5所示。

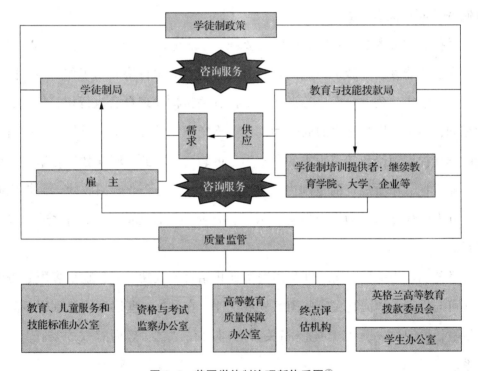

图3-5 英国学徒制治理新体系图②

---

① Department for Education. Apprenticeship Accountability Statement [Z]. April 2017.
② 作者依据英格兰有关政策文件内容绘制。

3.2.2.2 设立代理人资格制度

为了保证学徒制的质量，教育与技能拨款局制定了学徒制培训提供者与学徒制培训终点评估机构的条件，学徒制局规定了学徒培训标准开发者的条件或要求。只有符合这些条件或要求的机构才能得到批准，并列入英格兰学徒制培训机构和学徒制培训终点评估机构的注册清单中，或有权利开发学徒培训标准。这些执行学徒制任务相关机构准入条件的提出与实施，确定了学徒制代理人的资格制度。

教育与技能拨款局提出的学徒制培训机构注册条件包括：如在过去三年内教育、儿童服务和技能标准办公室对学徒制培训机构的申请者进行检查，且最近一次的评分等级是3级及以上，"总体效果"评分等级也是3级及以上；具有保护学徒的方法，具有平等和多样化的解决欺凌和歧视的政策；企业或员工的专业知识和经验能够提供满足学习者需求的有效的学徒培训，了解成功的学徒制内涵，具有良好的财务状况等[1]。学徒制评估计划由雇主主导开发，但该评估计划的执行则由学徒制培训终点评估机构执行。教育与技能拨款局提出的后者的注册标准包括：法人实体、评估计划有关职业领域的最新能力和经验、开发评估工具和材料的经验与专业知识、终点评估实施能力、开展评估所需的物质资源、与评估相关的内部质量保证程序等[2]。

学徒制局还规定了学徒培训标准开发者的要求。在学徒制改革的过程中，学徒制标准由雇主主导的"雇主小组"开发。英国教育部的《学徒制局战略指南》肯定了开拓者项目中雇主主导开发学徒制标准的方法，并要求学徒制局在今后的标准开发中继续使用这一方法[3]。学徒制局在2017年4月颁布的《开拓者"如何"指南》中提出了开拓者小组即学徒制标准开发小组的基本要求，包括"小组成员包括广泛的雇主""小组成员应能够代表（与标准对应的）职业的机构类型"、要考虑不同规模的雇主需求、"一个开发小组一般包括至少两位

---

[1] Skills Funding Agency. E-tendering portal guidance Register of Apprenticeship Training Providers [Z]. 2017：2-3.
[2] Skills Funding Agency. Register of apprentice assessment organizations- pre-application guidance [Z]. 2017：6-7.
[3] Department for Education. Strategic Guidance to the Institute for Apprenticeships [Z]. 2017：8.

雇员少于 50 人的雇主"① 等。

3.2.2.3 契约为委托-代理关系建立的方式

英国通过政策性文件、法律条文、合同或协议等方式，确定了相关者之间的委托-代理关系。

1. 法律和政策性文件

法律和政策性文件是英国确定学徒制委托-代理关系的重要方式。学徒制局的设立是英国学徒制改革的重大制度设计。英国 2016 年《企业法》（第 12 章）第四部分第 22、第 23 条对学徒制局的相关功能做出了法律解释②。2017 年 4 月，英国教育部发布的《学徒制局战略指南》进一步明确了学徒制局的主要职能，包括"制定所有学徒制的标准和评估计划的质量标准""审查、批准或拒绝这些学徒制标准和评估计划"，以及"确保所有终点评估都有质量保证"③ 等。在此，英国政府作为委托人，通过法律条文和政策性文件，将学徒制的有关职责委托给了学徒制局。学徒制局成为政府的代理人，代表政府执行所规定的代理范围内的任务。《学徒制问责声明》也明确了包括教育部，教育与技能拨款局，教育、儿童服务和技能标准办公室等在内机构的有关学徒制的职责与任务，形成了英国政府与以上机构的委托-代理关系。

2. 协议或合同

协议或合同是英国在学徒制实施层面常用的确定委托-代理关系的方法。为顺利完成学徒制，英国要求签订一系列协议，包括拨款机构与雇主之间的协议、拨款机构与培训者之间的协议、学徒与雇主之间的协议、培训者与评估者之间的协议等。

（1）教育与技能拨款局与雇主的协议。教育与技能拨款局与雇主的协议共 27 条内容，它规定了雇主使用学徒制服务的条件与同意承担的义务，以及教育与技能拨款局的权利和义务。

---

① Institute for Apprenticeships. 'How to' guide for trailblazers [Z]. 2015: 7.
② Enterprises Act 2016（Chapter 12）[Z]. 2016: 36-37.
③ Department for Education. Strategic Guidance to the Institute for Apprenticeships [Z]. 2017: 4.

协议规定，获得从"雇主数字账户"中的经费，雇主要承认并接受使用这一资金的目的，即"支持学徒培训和终点评估"，且"不得用于任何其他目的"。这一资金"要依据'资金规则'直接支付给培训机构"①。协议还规定了雇主需承担相应义务。如"任何时候都要遵循'资金规则'要求"；要"与培训提供者签有一个或多个学徒培训的服务合同"；"协助并与培训提供者合作，使其能够按照'资金规则'提供培训，并应要求向培训提供者提供他们合理要求的任何有关学徒或任何培训的信息。"②

协议也规定了教育与技能拨款局的义务与权力。义务是"根据技术资金指南向培训机构支付资金"，权力是"保留随时更改或停止全部或部分学徒服务"③。协议同时规定了在出现问题时，教育与技能拨款局可以使用这一权力。这些问题包括："雇主、相关雇主或与本协议有关的培训机构的任何欺诈或财务违规行为""雇主或有关雇主向教育与技能拨款局提供任何重大误导或不准确的信息"，以及"代表雇主或有关雇主的雇员或其他个人在活动时存在不诚实或疏忽"④ 等问题。

此外，协议还对信息、审计和报告、知识产权、保密、信息自由、数据保护、反歧视、责任限制、保证、终止、不可抗力、争议解决、合同法、治理法等内容进行了规定。

（2）教育与技能拨款局和学徒培训提供者的协议。教育与技能拨款局和学徒培训提供者之间签订的学徒制协议，共31条内容，包括协议条款（定义与解析）、目的与经费使用、开始与结束、资金支付、资金条件、与雇主的协议、雇主-提供者、分包、终点评估、扣压暂停和资金还款、资金限制、信息审计与报告、知识产权、保密、信息自由、数据保护、反歧视、责任限制、保障、终止、不可抗力等。

---

① Skills Funding Agency. SFA Apprenticeship Agreement for Employers：For the provision of levy-funded apprenticeship training [Z]. 2017：2.1, 5.
② Skills Funding Agency. SFA Apprenticeship Agreement for Employers：For the provision of levy-funded apprenticeship training [Z]. 2017：4.1.
③ Skills Funding Agency. SFA Apprenticeship Agreement for Employers：For the provision of levy-funded apprenticeship training [Z]. 2017：4.2.
④ Skills Funding Agency. SFA Apprenticeship Agreement for Employers：For the provision of levy-funded apprenticeship training [Z]. 2017：7.1.

在协议条款中,对学徒制相关的一些术语进行了界定。如学徒、学徒制、学徒评估机构、学徒制协议、批准的学徒制标准、雇主、雇主数字账户、雇主-提供者、终点评估等。

和教育与技能拨款局同雇主之间的协议相一致,在经费目的与使用方面,教育与技能拨款局与学徒培训提供者之间的学徒制协议也规定,培训提供者要承认并接受根据本协议支付的任何资金是"支持学徒培训和终点评估"的,并要求"资金不得用于任何其他目的"。培训提供者为从教育与技能拨款局得到拨款,须同意如下拨款条件:①注册并保持在学徒培训提供者登记册和学习提供者登记册中的注册;②记录和维护有关所提供的课程目录中的学徒培训的最新信息;③任何时候都要遵守"经费规则"的要求。此外,为了获得拨款,学徒培训提供者还需做到以下几点:遵守所有的有关法律义务,"包括(但不限于)就业、健康和安全、平等和歧视、人权、移民、税收,以及预防恐怖主义等方面的义务";将重要情况或事件尽快通知教育与技能拨款局,包括"受实际或潜在的破产事件、变更管制或其他可能对履行本协议义务的能力产生影响的财务状况""导致任何学徒死亡或严重受伤的事件或情况""培训提供者机构的高级人员或参与培训的任何个人犯下严重的刑事犯罪行为",以及"任何保障问题,包括学徒和提供培训的个人之间的不当个人关系"[①] 等。

(3)学徒与雇主的协议。学徒与雇主在执行学徒制前,除极少数职业外,都需要签署学徒制协议,这是"雇佣学徒的法定要求,与认可的学徒制度框架或认可的学徒制标准有关"。

英国规定,学徒制协议是"服务合同"(即雇佣合同),它构成学徒和雇主之间的"个人雇佣协议"的一部分。如果符合《1996年就业权法》第1节的所有要求,则学徒制协议也可作为"就业详情的书面声明"。签订学徒制协议是完成学徒制的必要条件,否则不能颁发学徒制资格证书。

根据该协议,学徒承诺采用法律规定的形式为雇主工作。学徒制协议的内

---

① Educationa and Skills Funding Agency. ESFA Apprenticeship Agreement for Training Providers for the Provision of Levy-funded Apprenticeship Training [Z]. 2017:4-6.

容包括：学徒培训时间的长度（包括起止时间）、学徒接受的与技能和职业内容相关的学徒制框架或学徒制标准和级别、工作条件，以及将要获得的资格。学徒制协议必须是书面形式，而且要遵循《1996年就业权法》和2012年发布的《学徒制、技能，儿童和学习法》等法律规定。

为指导学徒制执行机构签订学徒制协议，英国政府发布了学徒制协议模板。在模板后有专门的注释部分，如学徒制协议的性质、签订学徒制协议的原因、签署学徒制协议的时间，以及一些具体内容的解释（如离岗培训时间及其计算等）。学徒制协议模板及其解释具体内容见附录3。

教育与技能拨款局还规定，"培训提供者和雇主可能会同意部分培训由分包商提供"，在这种情况下，培训提供者和雇主应签署书面协议，规定分包商提供培训的安排。① 此外，培训机构与学徒评估机构之间、学徒制局与学徒制标准开发者之间也需要签订协议。教育与技能拨款局通过文件规定"雇主只能从注册表上选择终点评估机构"②。

（4）学徒培训提供者与雇主的合同。教育与技能拨款局规定，学徒培训提供者应与每个雇主订立服务合同，并按照与雇主的服务合同和"经费规则"的要求向学徒提供培训③。英国院校协会提供的培训提供者与雇主之间的学徒制培训服务合同框架主要包括雇主和培训提供者关于学徒制培训的义务、经费与支付、争议解决，以及终止合同等内容④。

这一合同框架规定，雇主的义务包括：雇佣学徒、签署学徒制协议，并向学徒支付报酬；执行学徒制项目中由雇主执行的培训，并支持每个学徒的学习和发展；配合培训提供者的工作，包括准许每名学徒20%的受雇时间用于离岗培训，允许学徒前往培训提供者处接受"学徒建议"中规定的由培训提供者提供的培训和课程，为学徒提供使学徒能够实现培训目标所需的设备，与培训机

---

① Educationa and Skills Funding Agency. ESFA Apprenticeship Agreement for Training Providers for the Provision of Levy-funded Apprenticeship Training [Z]. 2017：7.
② Skills Funding Agency. Register of apprentice assessment organizations-pre-application guidance [Z]. 2017：3.
③ Educationa and Skills Funding Agency. ESFA Apprenticeship Agreement for Training Providers for the Provision of Levy-funded Apprenticeship Training [Z]. 2017：6.
④ 英格兰学院协会依据英格兰有关规定，开发了雇主与培训提供者之间的协议框架，以服务英格兰继续教育学院开展学徒制培训。

构合作安排必要的终点评估，允许培训提供者及其工作人员、审核员、承包商或代理人访问学徒、雇主场所以及任何有关的记录或文件，在意识到或合理怀疑学徒希望退出学徒制培训时以书面形式及时通知培训机构等。

3.2.2.4 设置委托-代理关系的监控环节

为获得理想的代理结果，避免代理人的"道德风险"，英国学徒制增加了以获取信息为目的的要素投入，即委托人设置了学徒培训的终点评估和督查环节。

在实施学徒制前，要依据标准评估学徒培训提供者与学徒终点评估机构。在学徒制实施过程中，教育、儿童服务和技能标准办公室要定期前往学徒培训机构督查学徒培训情况。在学徒制培训结束前，终点评估机构要对培训进行终点评估。这些环节虽然增加了代理成本，但能够较好地保证学徒培训的质量。

3.2.3 英国学徒制委托-代理关系分析

对英国学徒制的委托-代理关系进行分析可以发现：委托-代理关系几乎覆盖了学徒制相关者行动的各个方面；形成了代理人资格制度；委托-代理关系通过政策、法律条文及合同等方式建立；建立了获取代理人信息的督导环节等。这种设计，反映了委托-代理理论的基本内容。

3.2.3.1 委托-代理关系明确了各方的权利与义务

委托-代理关系的确立，能够明确谁是委托人、谁是代理人，以及"谁（或应该是）对谁负责"等问题，明确"代理人可以做什么""委托人可以做什么"等内容，即委托-代理关系通过"规定一系列行动者能够采取的可能的行动，以及他们如何评估这些行为的后果"，使得代理人在获得委托人授予条件的基础上获得内驱力，进而保证较好地完成委托人所委托的任务。基于此，英国学徒制相关者之间建立了委托-代理关系体系，包括民众与政府，政府行政部门与政府非行政部门，政府非行政部门与雇主、培训提供者、终点培训机构，雇主与培训提供者，雇主与学徒，学徒培训提供者与终点评估机构等。这一体系覆盖了学徒制政策、执行与监督的每一方面。每一执行主体作为代理人明确自己需要负责的作为委托人的对象，每一环节的委托人都为保障自己的利益而行使监督权，进而可以较好地实现利益均衡，使得相关各方对学徒制的满意度不断提高。

3.2.3.2 代理人资格克服了"逆向选择"问题

"逆向选择"是指"在信息不对称状态下，接受合约的一方（代理人）一般拥有'私人信息'，并且利用另一方（委托人）信息缺乏的特点而使对方不利，从而使博弈或交易的过程偏离信息缺乏者的意愿，最终导致'劣质产品驱逐优质产品'的现象。"[①] 英国所建立的学徒制执行机构的资格制度，实质是委托人要求代理人提供与执行委托任务相关的信息，是学徒制在消除劣质执行机构中做出的制度设计。这种设计，保证了学徒制代理机构（如培训提供者与终点评估机构）执行学徒制相关任务的基本条件，进而能够基本排除学徒制执行过程中的"柠檬现象"[②]。

3.2.3.3 评估与监督避免了"道德风险"问题

道德风险是指"在信息不对称的市场交易中，一方参与者不能观察到另一方参与者的行为选择或当观察成本太高时，一方行为选择的变化导致另一方的利益受到损害。"[③] 在学徒制实施过程中，虽然委托人一般不干预代理人的日常活动，如政府和雇主不对学徒制培训提供者进行干预，但由于作为代理人的培训提供者在执行过程中可能追求自己的成本效益最大化，出现不利于作为委托人的雇主或政府的行为，即"道德风险"。为此，英格兰地方政府赋予了教育、儿童服务和技能标准办公室与终点评估机构等对学徒制培训提供者的监督和评估职责，并将监督和评估的结果与培训提供者可能获得的经费和培训提供者的

---

① 丁煌．李晓飞．逆向选择、利益博弈与政策执行阻滞 [J]．北京航空航天大学学报：社会科学版，2010，23（1）：16．
② "柠檬现象"源于著名经济学家 George A Akerlof 于 1970 年发表在 *The Quarterly Journal of Economics* 的 "The Market for 'Lemons': Quality Uncertainty and the Market Mechanism" 论文。"柠檬"在此意为次品。柠檬现象是由于市场交易中，交易一方故意隐藏信息导致损害交易另一方的利益，质量好的产品被质量差的产品挤出市场的扭曲现象。
③ 谈超，王冀宁，孙本芝．P2P 网络借贷平台中的逆向选择和道德风险研究 [J]．金融经济学研究，2014，29（5）：104．

后续资格挂钩,进一步避免学徒制在实施过程中可能出现的"道德风险"。

3.2.3.4 完全契约与不完全契约的共同使用兼顾了不同性质的委托-代理关系

学徒制涉及的相关者性质不一,所委托任务的复杂程度相差很大,一些任务所期望的结果很明确,一些任务则难以完全评估。为此,英国学徒制中既使用了完全契约,也使用了不完全契约。

完全契约是指"缔约双方都能完全预见契约期内可能发生的重要事件,愿意遵守双方所签订的契约条款,当缔约方对契约条款产生争议时,第三方(如法院)能够强制其执行"[1]。英国学徒制中,雇主与培训提供者之间签订的合同,对雇主和培训提供者各自的义务进行了详细规定,属于完全协议。这种协议内容具体,包括允许学徒前往培训提供者处接受至少20%的时间的学习,培训提供者对学徒提供培训的任务完成后可以获得的经费等。一些协议属于不完全协议,如政府与学徒制局之间的协议。代表政府的教育部只是明确了学徒制局在学徒制中的主要职责,但如何判断这种职责承担的好坏则难以描述出来,这种协议的形式主要通过政策性文本而体现出来。

英国是完全市场化国家,委托-代理关系在学徒制中的形成与实施有天然的条件。我国很多单位在试点过程中,按照要求与相关机构签署了协议,也注意到了协议签订这一建立委托-代理关系的形式。但总体看来,这种关系还很单一,缺乏学徒制"代理人"资格制度,契约的不完全性十分明显,难以克服"逆向选择"和"道德风险"问题,出现了企业将职业院校学生视为廉价劳动力的问题。为此,有必要依据国情,借鉴包括英国在内的国际社会的相关经验,形成具有中国特色的学徒制委托-代理关系。

---

[1] 尼古拉斯·麦考罗. 经济学与法律——从波斯纳到后现代主义[M]. 朱慧,吴晓露,潘晓孙,译. 北京:法律出版社,2005.

3.3 英国学徒制网络治理研究

2017年4月,英国教育部发布了《学徒制问责声明》,标志着英国学徒制治理新体系的形成。这一体系包括政策、需求、供应、质量保障,以及综合服务等网络。英国对不同的学徒制网络采纳了不同的治理模式,能够较好地发挥相关者资源。英国学徒制网络及治理模式的形成,为实现英国政府在《英国学徒制:我们的2020愿景》中提出的2020年达到300万学徒的目标奠定了良好基础,也对我国进一步推进学徒制试点及完善职业教育与培训体系具有启示意义。

3.3.1 网络内涵

学者们对网络的称谓不同,其所表示的内涵也不同。美国学者Candace Jones、Hesterly和Borgatti在1997年的研究报告中列出了对网络的不同称谓,它们包括"网络""社会网络""组织间网络""组织的网络形式""联盟资本主义""商业团体""网络组织"等。可总结为四种观点。

(1)网络为集体。Alter和Hage于1993年提出,"组织间网络"是"根据定义、无限或有界的组织群,它们是合法独立单位的非分层集体。"Liebeskind、Oliver、Zucker和Brewer于1996年提出"社会网络"是"由发生交流的个体形成的集体",在这一集体内,"只有通过共同的可信赖行为的规范才能得到支持"。Miles和Snow分别于1986年和1992年提出,"网络组织"是"由市场机制协调的企业集团或专门单位"。Granovetter将网络视为"商业团体",他在1994年和1995年提出"通过中等程度的约束力,以一些正式或非正式的方式将企业集合在一起"。Borgatti、Halgin于2011年提出,"网络由一系列行动者或节点,以及一组连接特定类型(例如友谊)的纽带组成"[①]。

(2)网络为关系。Dubini和Aldrich于1991年提出,"网络"是"个人、团

---

① Stephen P Borgatti, Daniel S Halgin. On Network Theory [J]. Organization Science, 2011, 22 (5): 1 169.

体和组织之间的模式化关系"。Larson 于 1992 年提出,"网络组织形式"是"长期的反复交流创造了依赖于义务、期望、声誉和共同利益的相互依存关系"。Gerlach 和 Lincoln 将网络称为"联盟资本主义",他在 1992 年提出,这一"主义"的内涵是"战略性、长期的、广泛的市场关系"。为此,Grandori 和 Soda 强调网络在相互交流的相关方面提供联系①。

(3) 网络为模式。1990 年,Powell 提出,"网络是组织集体行动的一种特殊方式",这种方式以"横向交流"为基础。Göktug Morçöl 和 Aaron Wachhaus 于 2009 年提出,"网络是一种相对稳定、多种相互依赖和自组织因素(例如社会、政治、经济行为者)之间复杂的关系模式,这也在整体上构成了一个自组织体系"②。

(4) 网络为合作或交互作用。Kreiner 和 Schultz 于 1993 年提出,"网络"是"非正式的组织间的合作"③。Dubini、Aldrich、Kreiner 和 Schultz 都将网络描述为"个人和组织之间的模式化合作"④。

更多学者从多个角度对"网络"进行界定。Mette Eilstrup-Sangiovanni 于 2016 年提出,"网络"是"结构概念",它表示"相互关联实体或节点的未确定的系统"。这里的"节点"可以是个人、团组、组织或国家,而"实体或节点之间的关系/纽带"是"交换物质资源和非物质资源的渠道",这些资源包括经费、商品、技术、信息、知识、声誉和观点等。Provan 和 Patrick Kenis 则强调网络的"目标导向",并于 2008 年提出网络是"三个或更多的合法自治组织群",这些组织群内的成员"共同努力,不仅实现自己的目标,而且实现集体目标"。网络的建立,基于共同的"目标导向"而不是"偶然"因素⑤。

尽管学者们对网络的内涵有不同的理解,但综合以上各种观点可以发现,

---

① Kim, Junki. Networks, Network Governance, and Networked Networks [J]. International Review of Public Administration. 2006, 11 (1): 22.
② Göktug Morçöl, Aaron Wachhaus. Network and Complexity Theories: A Comparison and Prospects for a Synthesis [J]. Administrative Theory & Praxis, 2009, 31 (1): 45.
③ William S Hesterly, Stephen P Bogatti. A General Theory of Network Governance: Exchange Conditions and Social Mechanisms [J]. The Academy of Management Review. 1997, 22 (4): 915.
④ Kim, Junki. Networks, Network Governance, and Networked Networks [J]. International Review of Public Administration. 2006, 11 (1): 22.
⑤ Keith G Provan, Patrick Kenis. Modes of Network Governance: Structure, Management, and Effectiveness [J]. Journal of Public Administration Research and Theory. 2008, 18 (2), 231.

网络的属性包括四方面内容：①三个或更多的集体或组织；②互动、交流或合作；③组织间资源交换与公共目标实现；④依存关系。为此，本书以为，网络是通过互动、交流与合作而建立的一种实现资源交换、自己目标与公共目标的三个及以上群体所形成的比较稳定的依存关系。

3.3.2 英国学徒制网络的结构

英国政府在《为增长而提高技能：国家技能战略》中提出，"如果政府自力更生地解决每一个人和每一个企业的技能需求，它就有失败的风险。只有充分给予个人和雇主精力、承诺和权力，我们才能成功"。[①] 为让不同的机构和人员在学徒制中发挥功能，英国教育部于2017年发布了《学徒制问责声明》。《学徒制问责声明》以关键内容为依据，分别列出了与学徒制实施相关的部门的责任及他们之间的关系。研究这一文件内容，结合英国学徒制的原有基础，本书认为，英国形成了学徒制网络治理体系，这一体系包括政策、需求、供应、治理保障和综合服务网络。

3.3.2.1 政策网络

英国学徒制政策网络的主要成员包括教育部、教育与技能拨款局以及学徒制局。教育部对学徒制政策负总责，教育与技能拨款局和学徒制局在自己负责的领域内承担具体的政策设计责任，并向有关部门提出政策建议。教育部通过学徒制局和教育与技能拨款局落实国家学徒制政策，后两者则在教育部领导下负责政策的具体实施，共同努力以实现学徒制的发展目标。

1. 教育部

教育部负责英格兰儿童的服务和教育工作，包括高等和继续教育政策、学徒制和技能等内容。质量提高是英国政府学徒制改革的目标，教育部在这一方面承担总体责任，具体体现在学徒制政策制定方面。

教育部负责学徒制宏观层面的政策制定，包括学徒制标准开发、检查和审

---

① Department for Business Innovation and Skills. Skills for Sustainable Growth Strategy Document Full Report [Z]. 2010: 10.

批、培训质量、资格、质量评估、学徒证明和经费政策等。在学徒制标准开发、检查和审批方面，教育部通过"战略指导"信函，负责制定学徒制总政策；在与学徒制改革相关的资格质量和适用性方面，负责"制定政府政策，包括将基本资格纳入学徒制强制部分的内容"，以及"制定政府资金资助资格的政策，明确政府经费支持与不支持的资格内容"；在质量评估方面，负责"制定有关学徒制评估市场的政策，包括评估资金、市场设计和评估机构的招聘方式""制定整体评估政策，包括外部质量保证政策"①；在经费政策的制定方面，负责"整体资金政策框架和负担能力，制定和批准所有资金政策"②。

2. 教育与技能拨款局

教育与技能拨款局由教育拨款局和技能拨款局合并而成，主要负责为儿童、青少年和成人的教育和技能拨款。作为政府的执行机构，对学徒制拨款体系进行业务管理。此外，还包括"学徒制服务"，培训提供者的合同和审计，以及学徒培训提供者登记册和学徒制评估组织登记册的运行等工作。

尽管是执行机构，教育与技能拨款局在经费政策、培训质量、学徒制证书等方面也承担与政策制定相关的责任。例如，在经费政策的执行和开发方面，负责"制定、出版和维护资金规则，并在实施系统中执行这些规则来落实教育部的政策"③；在学徒制证书方面，负责"制定学徒制评估机构必须遵守的旨在获得证书的过程和标准"④。除制定所负责领域内的政策外，教育与技能拨款局还承担提出政策建议的责任，例如向教育部提供关于学徒制局资助经费类别的建议等。

3. 学徒制局

学徒制局成立于2017年4月，是英国学徒制改革的重要制度设计，是保证学徒制需求导向的具体体现。学徒制局是由教育部发起成立的非政府部门的公共机构。该局由雇主领导，主要职责是保证高质量的学徒制标准，并向政府提出学徒制标准的资金建议。

---

① Department for Education. Apprenticeship Accountability Statement ［Z］,2017：8-9.
② Department for Education. Apprenticeship Accountability Statement ［Z］,2017：13.
③ Department for Education. Apprenticeship Accountability Statement ［Z］.2017：14.
④ Department for Education. Apprenticeship Accountability Statement ［Z］.2017：12.

同教育与技能拨款局相似，尽管是执行机构，但在标准开发、审核和批准，提供的培训质量、评估质量，以及经费政策等方面，学徒制局承担提供相应的政策制定建议与咨询意见的职责。例如《学徒制问责声明》规定，学徒制局要"向教育部提供关于（学徒制培训）标准批准过程或（学徒制培训）标准和（学徒制培训评估）计划使用方面的任何基本政策问题或出现的趋势的建议"，要"向教育与技能拨款局和教育部提供关于正在开发的新标准、开发的所有标准的阶段、标准的内容，以及取代学徒制框架……的建议。"为保证学徒制的培训质量，学徒制局要"提出适用于学徒制培训提供者登记册质量标准的建议"[①]，要"提出教育与技能拨款局应运行的学徒制评估组织登记册的总体质量标准的建议"，并要"向政府提出政策变化的建议"[②] 等。

3.3.2.2 需求网络

英国学徒制需求网络主要由学徒制局、雇主、行业技能委员会等机构组成。

1. 学徒制局

学徒制局作为雇主主导的机构，其职责是保证学徒制的质量，满足雇主需求。2017年4月，英国教育部发布的《学徒制局战略指南》规定了学徒制局的三大核心职能：制定学徒制标准和评估计划的质量标准；审查、批准或拒绝以上标准；确保所有终点评估有质量保证[③]。前两项核心职能与雇主需求直接相关。为保证所开发的学徒制标准能够满足雇主需求，学徒制局成立了包括农业、环境与动物护理、商业与管理、餐饮与服务、保育与教育、建筑、创意与设计、数字、工程与制造等在内的15个由行业专家和评估专家组成的专业小组，负责审查并做出是否批准新的或修订的学徒标准和评估计划的决定。每个小组主席都由企业资深专家担任。

2. 雇主

"将雇主至于学徒制质量的中心"是英国学徒制改革的指导思想。雇主直接负责学徒标准开发的开拓者项目的实施，是这一指导思想的具体体现。这一项

---

① Department for Education. Apprenticeship Accountability Statement [Z]. 2017: 6.
② Department for Education. Apprenticeship Accountability Statement [Z]. 2017: 10.
③ Department for Education. Draft Strategic Guidance to the Institute for Apprenticeships [Z]. 2017: 3.

目由雇主牵头，雇主与专业机构共同开发新的学徒标准和评估方法。截至 2017 年 2 月，有 2 600 多名雇主参与了新学徒标准的开发工作。2017 年 9 月，学徒制局更新的"参与开发（学徒）标准的开拓者小组雇主名单"表明，已成立了 200 多个开拓者小组。每个小组都由行业内知名企业代表负责。例如"汽车（第一阶段）开拓者"小组由宝马英格兰集团、福特、机械工程师协会、捷豹路虎、西门子、丰田、沃克斯豪尔汽车公司等机构领导。该小组已经开发了机电一体化维护技术员、控制/技术支持工程师、电气/电子技术支持工程师、制造工程师、产品设计和开发工程师、产品设计和开发技术员的标准。

3. 行业技能委员会

行业技能委员会是雇主主导的技能组织，它与超过 55 万的雇主合作来界定各行业的技能需求和技能标准，为金融、会计、社会关怀、工程与制造、汽车、环境、软件服务、运动、食品与饮料，以及能源等行业提供专业咨询服务。在学徒制方面，行业技能委员会主要通过参与开发学徒制框架和标准，提供学徒制有关咨询服务的方式来满足雇主需求。

英国科学、工程和制造技术联盟是英国先进制造和工程领域的行业技能委员会，是由雇主主导的非营利组织，英国科学、工程和制造技术联盟与雇主合作，开发本行业的国家职业资格。英国科学、工程和制造技术联盟支持雇主参与开拓者项目，与雇主共同开发学徒制标准。学徒制局成立后建立了 15 个专业小组，英国科学、工程和制造技术联盟主持其中的制造业专业小组的工作。一些行业技能委员会，如建筑、服务、数字等方面的行业技能委员会都参与到了学徒制局的专业小组中①。

3.3.2.3 供应网络

学徒制供应网络主要由教育与技能拨款局和学徒制注册培训机构组成。教育与技能拨款局作为政府的执行机构，除管理学徒制经费外，还承担学徒培训提供者的审核、签订合同，以及学徒制培训提供者注册单和学徒评估机构注册单的运行工作。数以千计的学徒制注册培训机构则按照培训合同提供符合标准

---

① 信息来自 2017 年 9 月 21 日下午笔者在伦敦 SEMTA 总部对 Semta 执行总裁 Ann Watson 女士的访谈。

的学徒培训。教育与技能拨款局与学徒制注册培训机构的工作互为前提，前者通过后者实现公共投资的效益；后者通过前者在获取一定经济利益的同时，也体现了社会公益目的。

1. 教育与技能拨款局

教育与技能拨款局是英国负责为儿童、青少年和成人进行教育和培训的唯一拨款机构。在学徒制方面，负责学徒制培训的供应内容，包括负责学徒制培训提供者标准的开发并按标准批准学徒培训提供者。《学徒制问责声明》规定，教育与技能拨款局负责"学徒培训提供者注册清单（RoATP）的管理"[①]。学徒培训提供者注册清单是指通过在线申请表明有能力提供学徒培训的机构名单，只有成功进入学徒培训提供者注册清单的机构才有资格提供学徒培训。为落实以上职责，教育与技能拨款局发布了一系列关于学徒制培训提供者的文件，如《学徒制培训提供者注册》《加入学徒制培训提供者注册清单——申请指南》。这些文件规定了成为学徒制培训提供机构的条件。

2. 学徒制培训提供者

满足条件的机构都可以成为学徒制培训提供者，包括继续教育学院、大学、企业，以及私立培训机构等。2017年9月27日，教育与技能拨款局公布的清单中共有2 196个学徒制注册培训机构。其中，大学102所、学院293所、公司1 541个、其他机构287个。这些机构在提供学徒制培训时需要同教育与技能拨款局签订协议，按标准与要求提供符合质量的学徒制培训。

3.3.2.4 质量保障网络

英国学徒制质量保障网络包括多个机构，这些机构相互配合，共同保障学徒制培训的总体质量。

1. 教育、儿童服务和技能标准办公室（Ofsted）

教育、儿童服务和技能标准办公室是负责检查及管理儿童和青少年服务，以及为所有年龄段学习者提供教育和技能服务的机构。在学徒制方面，负责检查2~5级学徒培训的质量。如果学徒制提供者提供的内容包括高等教育，则需

---

① Department for Education. Apprenticeship Accountability Statement [Z]. 2017: 7.

要与英格兰高等教育拨款委员会共同工作，以达成一致判断。此外，"当涉及教师和培训师培训时，要检查6级和（或）7级的学徒培训质量"①。

2. 英格兰高等教育拨款委员会（HEFCE）

英格兰高等教育拨款委员会负责英格兰大学和学院的拨款与管理工作，也负责学位学徒制（6级和7级）质量的管理工作。《学徒制问责声明》规定，如果4级和（或）5级学徒标准包含规定的高等教育资格内容，则英格兰高等教育拨款委员会要与教育、儿童服务和技能标准办公室共同工作，对提供这两级学徒培训的提供者做出判断。此外，还要"与教育、儿童服务和技能标准办公室共享信息以告知现行的提供者的风险评估情况，当学位学徒制有严重问题或4级和（或）5级内容中包括高等教育内容的提供者有严重问题时，要进行调查。"② 未来学生办公室于2018年成为英格兰高等教育机构的主要监管机构，与指定的质量机构合作，开展质量和标准评估功能③。

3. 高等教育质量保障办公室（QAA）

高等教育质量保障办公室是独立的非营利组织，负责检查接受高等教育并希望获得资格的学生。其主要工作领域包括高等教育质量标准、高等教育提供者检查、问题调查、培训与指导等。

《学徒制问责声明》规定了高等教育质量保障办公室在学徒制方面的质量保障责任，包括"与英格兰高等教育拨款委员会一起工作，为6级和7级学位学徒制以及包含所规定的高等教育资格的4级和5级学徒制标准提供质量保证"，并且"监督高等教育资格框架（FHEQ），……包括与学徒制相关的资格"④。

4. 资格与考试办公室（Ofqual）

资格与考试办公室负责英格兰资格、考试和评估的管理工作，也是学徒制外部质量保证机构之一。《学徒制问责声明》规定，"当开拓者项目提名时，资格与考试办公室要根据要求与其他外部质量保证机构合作，提供外部质量保证服务"。它还要"就评估计划提出建议，以确保有效的终点评估"。当不是外部

---

① Department for Education. Apprenticeship Accountability Statement [Z]. 2017：6-7.
② Department for Education. Apprenticeship Accountability Statement [Z]. 2017：7.
③ Department for Education. Apprenticeship Accountability Statement [Z]. 2017：4.
④ Department for Education. Apprenticeship Accountability Statement [Z]. 2017：7-8.

质量保证机构时，资格与考试办公室还负有管理学徒制评估机构的责任①。

5. 终点评估机构（EPAs）

终点评估机构的认定，是保证学徒制质量的主要措施之一。终点评估机构负责"开发终点评估内容""检查和验证学徒已经完成了终点评估的任何先决条件""根据评估计划执行学徒终点评估"，以及"确保终点评估综合独立"等②。截至2017年9月，教育与技能拨款局终点评估机构的注册单中共有92个机构，其中颁证机构31个、高等教育院校10所、培训提供者19个、专业机构20个、评估机构5个、其他机构6个（行业技能委员会1个、雇主1个、国家技能学校1个、网络工程师1个、公共行业机构2个）③。

3.3.2.5 综合支持网络

英国存在若干为学徒制发展提供支持与服务的综合机构，如英国大学职业颁证委员会、英国院校协会等。这些机构形成了学徒制综合支持网络（见图3-6），为学徒制的发展提供包括政策、专业咨询、平台搭建等多个方面的服务。

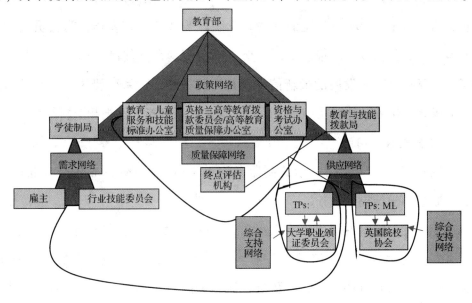

图3-6 学徒制综合支持网络④

---

① Department for Education. Apprenticeship Accountability Statement [Z]. 2017: 11.
② Skills Funding Agency. Register of apprentice assessment organisations-pre-application guidance [Z]. 2017: 5.
③ Education and Skills Funding Agency. Register of end-point assessment organisations [Z]. 2017.
④ 此图是作者依据自己理解绘制而成。

1. 大学职业颁证委员会（UVAC）

大学职业颁证委员会是1999年成立的不以营利为目的的机构。该委员会为成员提供服务并代表成员发出包括高等和学位学徒制在内的技术和专业高等层级学习的"独立声音"。大学职业颁证委员会现有成员约60个，包括大学、学院、颁证机构、海外机构、行业技能委员会和个人。该委员会与成员和其他相关机构共同工作，为高校实施学位学徒制提供广泛支持。该支持包括召开学徒制实施的政策与实践研讨会、开发学位学徒制实施合同模板、支持开发学位学徒制标准的学徒开拓者项目、为成员争取有利的发展条件、提供高等和学位学徒制发展的学术交流平台等。经过以上支持与努力，英格兰高等教育拨款委员会/高等教育质量保障办公室成为学位学徒制和高等学徒制的质量监督者，高等教育质量保障办公室成为学徒制外部质量保证的提供者，高等教育机构能够更大程度地参与到学徒制发展进程中。

2. 学院联盟（AoC）

学院联盟是由各学院创建的会员组织，是非营利性机构，目前有274个正式会员，占英国全部294所学院的93%。学院联盟代表学院发声，为会员提供多项基本服务，包括专题简报、培训、交流平台等。在学徒制方面，学院联盟提供了关于学徒制改革发展的最新信息，并为此举办了一系列研讨会、开发学徒制合同模板、编制学徒制实施指南手册、录制一系列指导性视频资料等。

3. 学徒制服务网站

英国政府建立了专门的学徒制服务网站https：//www.apprenticeships.gov.uk，为雇主和学徒提供服务。

对于学徒，该网站提供了有关学徒的一些具体信息，包括什么是学徒制，为什么要成为学徒以及如何成为一个学徒。前者介绍了一些真实的学徒故事，成为学徒对自己有哪些好处，以及与学徒相关的一些工作领域。后者介绍了什么是学徒制、如何发现一个学徒位置、如何申请、面试方法，以及成为学徒后需要明确的具体事项。如要带什么、穿什么衣服、什么时候到、交通和停车问题等。该网站还设立了专门的搜索系统，人们可以依据工作或雇主、地理位置、层级、距离等要素，搜索到可以获得的学徒机会。网站提供了专门的联系电话，帮助人们获得学徒机会。网站还介绍了面试的类型，为面试需做的准备，面试的注意事项等，包括服装、到达的时间、肢体语言、提问等。网站还提供了学徒制评估以及证书的信息。

根据相同的逻辑，这一网站同样给雇主提供了雇佣学徒的原因，怎样雇佣学徒，如何进行面试，选择学徒制培训提供者和终点评估机构的方法，以及学徒制成本等内容。网站信息表明了学徒制执行给雇主带来的利益。例如，"86%的雇主表示，学徒制培养了与其组织相关的技能""78%的雇主表示，生产力有所提高"，还有学徒制培训将给企业带来大量的新生劳动力，因为"90%的学徒在完成学徒后仍留在工作岗位上"等。网站向雇主介绍了学徒制成本信息。例如，年工资总额不超过300万英镑的雇主，不需要缴纳学徒制税，但他们需要支付5%的培训和评估学徒的费用，政府将支付剩下的95%的经费，政府直接向培训提供商支付资金。网站还列出了雇佣的员工不足50人的小企业不需要缴纳5%的费用的具体情况。此外，网站提供了雇佣到合适学徒的方法，面试的方法等。重要的是，该网站为雇主设立了学徒制培训提供者和终点评估机构的链接，雇主可以很方便地从中找到所需要的相关机构。雇主通过在线服务系统注册账户，缴纳学徒制税并收取政府的配套或补贴资金，也通过这一服务来支付学徒制培训和评估资金。截至2018年5月，注册账户超过13 000个。

改革后形成的英国学徒制治理网络具体内容如图3-6所示。

3.3.3 英国学徒制网络治理的特征

3.3.3.1 网络成员包括不同性质的机构，为克服"不确定性"问题奠定基础

学徒制网络出现的一个重要原因是存在很多仅仅依靠单个机构或个人不能解决的问题，尤其是"不确定性"问题。学徒制相关者诉求多样且不断变化，也存在"不确定性"问题。英国学徒制网络涉及机构众多，包括政府行政机构、非行政公立机构、行业、企业、协会、教育教学机构和培训机构等，英国通过制度性规定、协议、合同，以及学徒制税等制度设计，使得这些机构在学徒制

各自网络范围内互动、交流与合作，进行物质与非物质交换，为克服不确定性问题奠定了基础，在实现自己目标的同时也实现了公共目标。

3.3.3.2 在政策网络框架下形成多个网络治理中心，兼顾机构优势和政府远程治理

学徒制是一种制度，政策设计是前提。为达成保障学徒制成功实现的目标，英国形成了政策网络、需求网络、供应网络、质量保障网络和综合服务网络，形成多个网络治理中心。政策网络的治理中心在教育部，需求网络的治理中心在学徒制局。此外，院校联盟是继续教育学院的综合服务网络中心。这些中心在政策网络所设计的总体框架下，各自发挥专长，管理协调自己所属网络，保障学徒制网络的高效运行，也使得政府能够远程治理。

3.3.3.3 采用不同治理形式，实现网络的有效性

英国学徒制网络内容不同，网络成员性质不同，治理形式也不同。政策网络采纳的是领导组织治理形式，需求网络和供应网络采纳的是 NAO 形式（网络管理组织形式/外部治理形式），而综合服务网络采取的则是参与者治理形式。

英国学徒制政策网络的治理方式具有"高度集中"和"不对称权力"特性[1]，属于领导组织治理模式。教育部作为国家学徒制政策的总负责机构（同时也作为领导者），对学徒制的政策网络进行管理与协调，同时承担网络管理的成本。这种治理形式中，其他网络成员（即学徒制局和教育与技能拨款局）自主决定操作层面的活动。

需求网络和供应网络采用 NAO 形式。学徒制局是英国学徒制需求网络治理的实体，而教育与技能拨款局则是供应网络治理的实体。NAO 形式是指"在网络边界以外建立了独立的管理实体，负责管理、协调和维护网络。NAO 形式对战略和日常工作的活动都有充分的决策权"[2]。这种治理形式的特征为外部管理

---

[1] Keith G Provan, Patrick Kenis. Modes of Network Governance: Structure, Management, and Effectiveness [J]. Journal of Public Administration Research and Theory 2008, 18 (2) 235-236.

[2] Frances J Milliken. Three Types of Perceived Uncertainty about the Environment: State, Effect, and Response Uncertainty [J]. The Academy of Management Review, 1987, 12 (1): 136.

和集中式管理。

参与者治理形式又叫自我治理形式，它是最简单和最常见的形式。这种形式的决策权由参与者掌握，决策权（或多或少）是对称的，治理活动由参与者自己界定和管理。网络参与者负责管理内部和外部关系，并且网络集体作为一个机构单元。治理可以通过正式（例如定期和界定的会议）或非正式（例如自发和没有结果协调的努力）机制发生[1]。参与者管理网络"完全依赖于所有组织的或组成网络组织的重要子集参与和承诺"。"当网络治理共享时，合作伙伴的集体性决定了所有决策和管理网络活动"[2]。包括院校联盟在内的一些机构，采用的是会员制，它们通过会议或通过具有广泛代表的董事会做出决定，较好地体现了会员的意志。

英国学徒制改革所形成的治理新体系，仍存在一些不完善的地方，例如一些机构在保障治理方面的职责并不完全清晰。这一新体系的效果如何，还需经过实践检验。但新体系所体现出的一些属性，符合网络治理理论的基本原理，对我国学徒制试点的进一步推进具有借鉴作用。①继续坚持政府在学徒制试点中的总体领导，进一步完善制度设计，形成相关者参与学徒制的良好制度环境。②注重非行政公立机构作用的发挥，明确其在我国学徒制实施中的定位，并赋予一定权利，给予一定条件，使其能够发挥专业特长，在政策框架下负责学徒制实施层面的工作，成为连接政府和其他相关者之间的业务中心。③建设覆盖学徒制主要方面的网络，形成由相关者参与的相互连接的网络体系。虽然我国有很多机构参与了学徒制试点工作，但这些机构之间没有通过制度形成相互依存、资源交换的紧密网络，学徒制的需求网络、质量保障网络以及综合服务网络等还未真正形成。有必要通过建立或完善学徒制培训提供者机构的准入条件、学徒制培训标准开发者的资格，通过合同、协议等手段，使学徒制相关各方具有可以交换的资源，明确社会目标，为形成网络奠定基础。④依据不同内容、不同网络采纳不同的治理形式，以实现有效治理。

---

[1] Martina Dal Molin, Cristina Masella. From Fragmentation to Comprehensiveness in Network Governance [J]. Public Organiz Rev. 2016: 498-499.

[2] Keith G Provan, Patrick Kenis. Modes of Network Governance: Structure, Management, and Effectiveness [J]. Journal of Public Administration Research and Theory. 2008, 18 (2): 234-235.

3.4 英国学徒资格的"元治理"研究

资格制度是英国学徒制满足雇主需求和学徒发展要求的具体体现。学徒制局成立前,英国学徒资格开发采用的是市场模式,所开发的资格数量多,内容重复,难以选择,不能很好地反映雇主要求。在这一背景下,英国教育部决定成立学徒制局,通过该局对学徒资格制度进行改革,即通过"元治理"对英国学徒资格体系进行治理。

3.4.1 "元治理"出现的背景:资格市场混乱

2016年前,英国的学徒资格体系以市场为导向,主要由颁证机构设计资格,资格与考试办公室认证资格,认证通过的资格有权获得政府经费资助,继续教育学院和其他学徒培训机构从颁证机构中购买提供这些资格的教育与培训权利。2011年之前,行业技能委员会负责批准职业资格。①

3.4.1.1 数量繁多,选择困难

英国有大量的颁证机构,这些机构开发了上万个资格。2010年英国"新的资格和学分框架几乎有近7 000个新的职业资格"②。2012年8月,资格和课程框架共有12 800个资格。③ 到了2015年9月,"资格与考试办公室的监管资格登记册上共有21 000多个资格",它们"由158个不同的颁证机构提供"④。

由于数量太多,资格选择十分困难。2015年9月的21 000多个资格中,超过12 000个资格可用于16~18岁学生,其中3级资格就有3 000个。⑤ 2016年有

---

① Pauline Musset, Simon Field. OECD Reviews of Vocational Education and Training: A Skills Beyond School Review of England [R]. 2013: 60.
② Department for Business Innovation and Skills. Skills for Sustainable Growth Strategy Document Full Report [R]. 2010: 22.
③ Doug Richard. The Richard Review of Apprenticeships [R]. 2012: 43.
④ Report of the Independent Panel on Technical Education [R]. 2016: 11.
⑤ Report of the Independent Panel on Technical Education [R]. 2016: 41.

13 000个资格证书可供16~18岁的学生使用。① 另一个问题是，同一级别、同一内容的资格证书有多个颁证机构有资格颁发。2016年英国的《技术教育独立小组报告》列举了一些具体事例，该报告提出"那些希望在管道工作方面有前途的人，必须在33项资格中做出选择"②，这些资格由5个不同的颁证机构颁发，涉及3个层级③。还有事实表明，某一时间在英格兰有"16个不同的颁证机构颁发国家职业资格2级商务和行政管理证书，4个不同的颁证机构颁发国家职业资格3级美发证书"。英格兰资格体系存在的以上混乱问题，对于希望接受再培训的年轻人和成人来说，"该体系复杂且难以导航。"④

3.4.1.2 内容重叠，结果不清

不同层级学徒资格存在内容重复问题，导致"学徒'层级'方法效率低下"。《理查德学徒制评论》指出，按照标准做法，英格兰的许多学徒在"完成一个完整的2级资格后，再完成一个完整的3级资格"，但2级和3级学徒资格有一些内容重复，导致学徒资格价值低。⑤

不同资格证书可以自由组合，但缺乏明确结果。英格兰许多行业都存在大量资格证书。理查德认为，以灵活性为借口，这些"资格证书可以以无限数量的组合结合在一起"，从而"产生任何可能结果，但没有明确成就"⑥，不能反映雇主的实际需求。为此，雇主提出，"许多成功完成资格认证的个人仍然缺乏进入技能工作的能力"⑦。

3.4.1.3 费用高昂，良莠不齐

在英国，学徒制提供者使用学徒资格时需向颁证机构支付高昂的费用。英国院校协会估算，"继续教育学院在颁证机构费用方面的支出总额，从2000/

---

① Report of the Independent Panel on Technical Education [R]. 2016: 6.
② Report of the Independent Panel on Technical Education [R]. 2016: 11.
③ Report of the Independent Panel on Technical Education [R]. 2016: 41.
④ Department for Business Innovation and Skills. Department for Education, Post-16 Skills Plan [Z]. 2016: 11.
⑤ Doug Richard. The Richard Review of Apprenticeships [R]. 2012: 53.
⑥ Doug Richard. The Richard Review of Apprenticeships [R]. 2012: 6.
⑦ Report of the Independent Panel on Technical Education [R]. 2016: 37.

2001学年平均占核心收入的3.5%上升到2009/2010学年的约4%"。加上院校与资格证书相关的费用,如谈判成本、教学辅助和评估,"这意味着一项约8%的当前支出涉及其中"。① 有研究表明,"一所独立的学院每年要花费6.2万~46万英镑用于与颁证机构打交道,并以所要求的格式提供所需数据"。

由于颁证机构"在开发和认证资格方面会产生很大比例的前期成本",他们必须"从未来的销售中收回这些成本"。基于经济收益考虑,"只要有需求,颁证机构很少选择注销资格"。为此,许多雇主抱怨这些资格并不适用。

3.4.2 失灵原因:不充分的资格市场

英国的学徒资格之所以出现以上问题,原因多样,既包括资格开发者原因,也包括资格使用者原因,还有市场自身原因。

3.4.2.1 非雇主主导的资格体系

开拓者项目实施前,英国学徒资格体系不是由雇主主导,学徒资格"通常是由颁证机构和中介机构的令人混淆的混合体确定的",它们"并没有为企业提供有效的声音"。②

学徒制框架的开发,需要一个提议者、一个开发者和一个发布者。③ 理论上,"这三个角色由三个不同的组织来执行",例如"一个雇主可以建议一个框架,一个行业技能委员会可以代表行业来开发它,由部长委托的第三个机构('发行机构')可以发布该框架"。但实际上,有时行业技能委员会与雇主合作同时履行了这三个角色。④ 当时,由行业技能委员会和颁证机构主导学徒资格框架的开发,他们处于资格开发的"驾驶席"上⑤。

但事实显示,英国一些行业技能委员会和颁证机构不能真正代表雇主,有的行业技能委员会与本行业内的企业接触少,且影响不大。英国就业与技能委

---

① Pauline Musset, Simon Field. OECD Reviews of Vocational Education and Training: A Skills Beyond School Review of England [R]. 2013: 60-61.
② Department for Business Innovation and Skills, Department for Education. Post-16 Skills Plan [Z]. 2016: 11.
③ Doug Richard. The Richard Review of Apprenticeships [R]. 2012: 42-43.
④ Doug Richard. The Richard Review of Apprenticeships [R]. 2012: 43.
⑤ Doug Richard. The Richard Review of Apprenticeships [R]. 2012: 45.

员会2010年的调查表明,"某行业技能委员会覆盖的雇主中,只有34%的雇主听说过他们的行业技能委员会""不到四分之一的雇主在过去12个月内与行业技能委员会有过往来";而且雇主对行业技能委员会的满意度不高,"在与行业技能委员会有过接触的雇主中,平均满意度得分为7.0分"[①]。在此,10分表示最满意,1分表示最不满意。虽然学徒制必须与商务相关,但行业技能委员会不能真正代表行业和雇主,导致很多雇主认为学徒资格体系太复杂,所开发的资格框架不适合学徒制的目的。

自20世纪80年代以来,尽管英国多次尝试使学徒资格体系合理化,但颁证机构的数量依然不断飙升,从2002年的98个增加到2012年的180个,主要表现为一些领域内提供资格认证的小型颁证机构数量不断增加。[②]

一方面,英国资格体系复杂而混乱;另一方面,在资格开发过程中,雇主没有太多的参与或投入,这种现象导致"雇主可能会对职业资格失去兴趣"。雇主可以"选择使用资格以外的标准",可以直接评估试用期员工的知识和技能,或者直接"从其他公司挖走技术工人"。简而言之,雇主"有办法摆脱对职业资格的依赖",研究人员担心,"如果雇主集体这么做,结果将破坏资格作为知识和技能信号的整个功能"。[③]

3.4.2.2 不充分的资格市场竞争

市场竞争有利于顾客对产品的多样化选择、生产商提高产品质量并降低产品价格。但由于英国普遍存在的信息零散和价格竞争不足问题,导致当时的英国资格市场竞争不充分。

资格的使用者往往是院校和培训提供者,而院校和培训提供者购买资格的决策往往由不了解费用或成本的学科部门负责人制订,这些负责人对不同颁证机构资格之间的巨大价格差异不敏感。对继续教育学院和培训提供商而言,更

---

① UKCES. UK Employer Perspectives Survey 2010 Executive Summary [Z]. 2011:5.
② Pauline Musset, Simon Field. OECD Reviews of Vocational Education and Training: A Skills Beyond School Review of England [R]. 2013:63.
③ Pauline Musset, Simon Field. OECD Reviews of Vocational Education and Training: A Skills Beyond School Review of England [R]. 2013:64.

换颁证机构非常昂贵，因为要增加重新谈判的成本。[①] 因而，尽管理论上每个部门都可以接受来自新资格和新颁证机构的竞争，但基于以上原因，英国当时的资格市场并不充分。此外，基于投入产出考虑，英国颁证机构希望从资格销售中收回资格开发和认证等方面投入的前期成本，它们很少选择注销自己开发的资格，导致资格越积越多，良莠不齐。另外，由于"来自另一个部门的威胁将不会足够迅速或以足够的规模来阻止假设的垄断者提高价格或降低质量"，因而颁证机构是作为垄断者和寡头而运作的。[②]

由于英国当时的拨款制度是以获得资格的学生数量为依据的，这种状况导致"颁证机构之间竞相提供更容易提供的和更容易通过的资格"[③]，以吸引学生和供应商。由于这种拨款机制，提供学徒资格教育教学的机构也有不遵守评估程序的动机。正如 Wolf 在其 2011 年的审查报告中提出"颁证机构对评估程序提供的监督不够，因为通过对培训提供者施加繁重的要求，他们将失去竞争颁证机构的生意。"

3.4.3 解决问题的路径：对学徒资格体系进行"元治理"

3.4.3.1 学徒资格体系目标

由于学徒制资格体系存在资格繁多、难以选择，资格内容没有较好地反映职业能力要求，且使用资格使得学徒制提供机构要支付高昂的费用等问题，为此，需要对学徒制资格体系进行改革，以形成能够开发出清晰、可信和有效的资格体系。

理查德在其报告中提出，必须改变资格开发体系，要制定一些明确的标准。这一标准要体现对雇主的意义，即"职业的全部能力"。这些标准应构成新的、总体的资格基础。"每个资格都与一个真正的具体工作相关，而不是像今天一些

[①] Pauline Musset, Simon Field. OECD Reviews of Vocational Education and Training: A Skills Beyond School Review of England [R]. 2013: 65.

[②] Pauline Musset, Simon Field. OECD Reviews of Vocational Education and Training: A Skills Beyond School Review of England [R]. 2013: 66.

[③] Doug Richard. The Richard Review of Apprenticeships [R]. 2012: 52.

流行的学徒制那样的一套通用技能。"① 理查德建议新学徒资格要体现对雇主的意义，资格要能够向雇主证明学徒能胜任工作，在学徒培训结束时，资格能够说明学徒应该能做什么和知道什么。② 为此，理查德建议"新学徒制资格应该取代今天的学徒制框架"，并"应该由最了解的人（雇主）来制定"。理查德进一步建议，"解决办法在于以比目前更直接和透明的方式将设计和开发学徒资格的权力转交给雇主，同时让政府在界定良好质量标准方面发挥更明确的作用。"③

英国政府接受了理查德关于学徒标准开发问题的建议，将学徒资格开发作为学徒制改革的重要内容，并提出了2020年学徒资格在学徒制体系内全面实施的目标，为此，英国政府对学徒资格体系进行了"元治理"。

3.4.3.2 学徒资格体系的"元治理"

为解决资格市场混乱、资格价值低、雇主不满意等问题，能够开发出清晰、可信和有效的资格体系，英国政府制定了学徒标准开发相关规则与负责学徒标准开发负责机构的战略。

1. 政府通过规则和标准等工具的使用发挥"掌舵"功能

尽管英国政府认识到了学徒资格市场存在问题，也"曾多次要求颁证机构根据雇主的需求设计资格，但没有奏效"。④ 在这一背景下，英国政府加大了政府的功能，通过制定"规则""策略设定"等工具，实施学徒资格体系的元治理。

英国政府在多个文件中表示要建立雇主主导的学徒资格体系。2013年3月，英国教育部，英国商务、创新和技能部颁布的《英格兰未来的学徒制：理查德审查的下一步》报告赞同理查德学徒制审查"雇主必须在设计学徒标准和资格的中央"以及"学徒标准和资格必须聚焦结果"的观点，也同意"设计标准的

---

① Doug Richard. The Richard Review of Apprenticeships [R]. 2012: 53.
② Doug Richard. The Richard Review of Apprenticeships [R]. 2012: 6-7.
③ Doug Richard. The Richard Review of Apprenticeships [R]. 2012: 7.
④ Report of the Independent Panel on Technical Education [R]. 2016: 37.

责任由雇主承担"①的说法。为全面体现雇主主导学徒标准开发,英国执行了开拓者项目。该项目由雇主直接负责学徒标准的开发,以满足雇主的要求②。

为实现构建雇主主导的学徒资格体系,英国政府采用标准、规定、策略等"元治理"工具。英国政府在2015年12月颁布的《英格兰学徒制未来:开拓者指南》对学徒标准的开发提出了系列标准、规范、界定、流程等内容。如在"申请开发学徒制标准"方面,该文件规定了申请标准、开发多层标准的建议、学位学徒制等。该文件规定,雇主开发小组(即开拓者小组)的标准如下:①有大量的雇主,至少有10位积极参与学徒标准开发的雇主(除了专业机构、行业协会等)。②这些雇主能够反映那些雇佣了该职业人员的雇主的要求,包括不同规模和行业。为此,小组中至少包括两位小企业主(雇员少于50的雇主)。③小组中的一位成员要被选为主席,作为主席的人选不能来自行业机构或其他的机构。④所邀请的其他支持这一开发过程的参与机构,如行业部门、专业机构或培训提供者等,是支持这一雇主领导的,他们不是领导者。针对资格重复和质量不高的问题,该文件规定了希望开发的职业标准等。文件规定,希望开发的职业标准需要满足4个条件,分别为:①"提议的职业是独一无二的,而且其他小组或提议者所在的小组没有在开发相似的标准"。②所建议的标准内容与另一个正在开发的标准内容之间没有高度的潜在重叠性。③该职业需要在终点评估前至少要有一年的时间进行严格和实质性的培训,以获得充分的能力,其中离岗培训至少占学徒培训时间的20%。④该标准的水平足够高,使成功达到标准的学徒能够形成可迁移技能,使他们能够在任何规模或相关行业中发挥作用。③

政府是"规章制度的制定者",英国政府通过规范、原则及选择标准等"元治理"的核心,明确了英国学徒标准开发的标准,界定了需要开发的学徒标准的种类和要求,有效地避免了学徒标准的重叠和质量低下问题,进而体现了英

---

① Department for Education, Department for Business Innovation and Skills. The Future of Apprenticeships in England: Next Steps from the Richard Review [Z]. 2013: 11.
② HM Government. English Apprenticeships: Our 2020 Vision [Z]. 2015.
③ HM Government. The Future of Apprenticeships in England, Guidance for Trailblazers-from standards to starts [Z]. 2015: 11.

国政府的掌舵功能,实现了学徒资格体系的"元治理"。

2. 通过战略指南及法定通知明确学徒制局学徒标准"划船"的方向

在学徒资格体系的建设过程中,英国政府吸纳了一些职业教育专业小组的意见,例如"虽然政府必须设计整个体系,但行业专家必须为每个资格规定知识和技能,以及评估的方法"①,"政府应规范体系以确保标准得到遵守,但不应确定内容——这必须由雇主完成"②,即政府只要"掌舵""形成一个语境,使不同的自组织安排得以实现",使执行机构进行"划船"。为此,英国政府通过规则、组织知识、机构策略以及政策战略等方式,促进和引导学徒制局这一自组织治理体系的构建。③ 英国政府则通过发布学徒制局战略指南,以及教育部长给予学徒制局局长信函的方式,让学徒制局在遵循政府意志的前提下使其具有的自主权能够在制度框架下自主运行。

(1) 学徒制局战略指南。教育部作为英国政府的代表,通过向学徒制局发布政策文件来规定学徒制局工作的具体内容,学徒制局战略指南即为其中最重要的政策性文件。

2018年5月,英国教育部学徒制和技能部长安妮·米尔顿女士代表教育部写信给学徒制局首席执行官格瑞·贝拉根先生,公布了《学徒制局战略指南2018—2019》。该指南的第一部分为米尔顿部长给贝拉根先生的信件。米尔顿要求贝拉根将这一指南"作为业务计划流程和目标设置的一部分",并希望通过与贝拉根的定期对话和审查会议而获得工作进展情况。米尔顿在信件中还提出了对学徒制局2018年和2019年工作的具体要求,包括"保持和提高学徒培训质量,加快审批过程,就未来为学徒培训的资金向政府提供客观而独立的建议"④ 等。米尔顿在信件中提出了2018/2019学年学徒制局在提升质量、持续改进、支持政府战略重点,以及技术教育四大方面的优先事项。如在提高质量方面,米尔顿希望学徒制局继续提高学徒制质量。这种质量的提高要"通过坚持

---

① Report of the Independent Panel on Technical Education [R]. 2016: 6.
② Doug Richard. The Richard Review of Apprenticeships [R]. 2012: 44.
③ Mark Whitehead. In the Shadow of Hierarchy: Metagovernance, Policy Reform and Urban Regeneration in the West Midlands [J]. Area, 2003, 35 (1): 7-8.
④ Department for Education. Strategic Guidance to the Institute for Apprenticeships [Z]. 2018.

稳健的批准标准、确保终点评估的质量以及审查标准和评估计划"来实现。米尔顿进一步提出,"审查应利用职业图",要说明标准与雇主和具体职业的相关性,并反映随着时间的推移,"职业中技能、知识和行为的变化需求。"① 在持续改进方面,米尔顿希望能看到进一步的改进,特别是在"减少批准学徒标准所需的时间方面"。在积极体验方面,要求"向雇主和学徒提供积极和及时的回应"。在支持政府战略重点方面,要求学徒制局提出的关于不同学徒标准的经费支持建议,要"最大限度地提高学徒的资金价值",同时要"考虑学徒计划和政府的 300 万新学徒承诺的总体负担能力",但对学徒制局而言,最重要的是要"优先考虑标准,使其反映更广泛经济的需要,填补关键技能差距,如工业战略需解决的那些技能差距"②等。

英国教育部通过学徒制局战略指南,提出了政府希望学徒制局在学徒标准制定方面的要求,包括标准审批速度加快,标准要反映学徒和雇主要求,标准内容要具有与职业的相关性,对不同类型的标准经费的建议要考虑经济发展需求等。这一指南为学徒制局提供了学徒标准方面的工作重点和方法,学徒制局可以在这一指南的指导下开展学徒标准的执行工作,即执行"划船"功能。

(2)法定通知。除教育部向学徒制局发布学徒制局战略指南外,"法定通知"也是英国政府向学徒制局提出工作重点的重要政策性文件。学徒制局战略指南主要反映政府对学徒制局长期的制度性工作要求,后者主要体现政府适时地发布额外的指导意见,以对学徒制局的工作进行灵活指导。

米尔顿在 2018 年 2 月 5 日给学徒制局首席执行官贝拉根的"给学徒制局的法定通知"中提出,6 级和 7 级学徒制于 2015 年启动,是英国学徒制改革的重要组成部分,因为这些层级的学徒在提供雇主和经济所需的技能方面发挥着确保英国繁荣、促进社会流动性以及扩大学徒和高等教育的参与等方面的作用。由于雇主对这些层级的学徒制有强烈需求,需要及时提供额外的指导。为此,米尔顿提出了与 6 级及以上学徒制(包括学位学徒制)有关的要求学徒制局考虑的事项,包括"如何使 6 级及以上学徒制包括有学位资格——与更广泛的强

---

①② Department for Education. Strategic Guidance to the Institute for Apprenticeships [Z]. 2018.

制性资格学徒政策保持一致""6级及以上学徒制的发展——以保证足够的与相同级别的职业特性",以及"与新建立的学生办公室合作"等事宜。①

学徒制局是雇主领导的非行政公共机构,其主要职责是监督学徒制标准和评估计划的开发、批准和发布工作。在教育部通过文件规定的目标和方向的前提下,学徒制局自主决定自己的战略原则、目标和绩效等内容,以对雇主和学徒关于资格的标准要求做出及时和快速的反馈。

在学徒资格市场不充分的背景下,学徒资格开发机构追求自己利益最大化,导致英国学徒资格混乱,市场失灵。英国政府通过目标、制度和规则等工具的应用对英国的学徒标准进行"掌舵",通过发布学徒制局战略指南和法定通知,赋予学徒制局权力,使学徒制局按照政府的意志负责学徒资格标准开发的具体事宜,负责"划船"。英国政府这种对学徒资格进行的"元治理",逐步解决了英国学徒资格混乱的问题,使学徒标准更能够反映雇主的需求。

---

① Department for Education. Statutory Notice to the Institute for Apprenticeships [R]. 2018.

第 4 章

英国学徒制治理新体系研究：基于关系的分析

英国在学徒制治理的过程中，注重相关者多元与治理目标一致性的达成；注重多方互动，以体现学徒制的透明与回应性；市场失灵时，注重政府功能的发挥，注重服务与质量保障体系功能的共同发挥等。

4.1 相关者多元与治理目标一致性的达成

学徒制能否顺利推进，相关各方对学徒制重要性的认识是重要基础。英国政府通过战略性文件的发布、学徒制成果的宣传、基本制度的设立，以及整合各方力量来提升学徒制的质量，促进各方达成需要改革与发展学徒制的共识。

4.1.1 塑造共同目标，形成学徒制愿景共识

英国政府利用资源和制度优势，通过一系列战略性文件，大力宣扬技能开

发是国家战略；通过一系列调查研究成果，向社会发布学徒制是企业提高劳动生产率和学徒获得更高收益、更好发展的培训模式，对学徒制的公共投入可以获得巨大回报。因此，学徒制的发展，不仅是政府的诉求，也应该是雇主、学徒和全社会的诉求。

4.1.1.1 学徒制发展是政府的诉求

英国政府在多个文件中强调技能和学徒制发展对国家的总体意义，各级官员也通过各种渠道强调这一观点。

英国提出学徒制改革要实现的主要目标是"满足雇主和国家的技能需求，从而使学徒完全胜任其职业"，不仅如此，学徒制还要"使学徒完全具备可迁移技能""扩大学徒制的参与度和社会流动性"，以及"与更广泛的政府战略相适应"，为此"有助于政府的行业战略并促进更大的社会公正"[①] 等。英国政府的一些官员也经常通过一些渠道表达技能的重要性。2003年，英国教育部向议会提交了《21世纪技能：认识我们的潜力》报告，即"技能战略"。时任英国首相托尼·布莱尔（Tony Blair）、教育部长查尔斯·克拉克（Charles Clarke）、贸易和工业部长帕特里夏·休伊特（Patricia Hewitt）、财政大臣戈登·布朗（Gordon Brown），以及工作和养老金大臣安德鲁·史密斯（Andrew Smith）在报告的前言中提出，英国人的技能是"国家至关重要的财富"，因为技能有助于"企业实现竞争所需的生产力、创新和盈利能力"，有助于"提供人们想要的有质量和可选择的公共服务"。[②] 学徒制作为技能开发的一种成功模式，英国政府也多次强调其重大意义。英国教育部在2016年发布的学徒制经费文件中提出，"学徒制有益于雇主和个人，通过提高劳动力的技能有助于提高经济生产力"。为此，英国学徒制改革要"提高学徒制的质量和数量，使更多的个人有机会追求成功的职业生涯——无论是他们在就业阶梯上迈出的第一步，还是在当前雇主或行业内取得的进步"。[③]

---

① Department for Education. Apprenticeship Reform Programme Benefits Realisation [Z]. 2017：5-6.
② Secretary of State for Education and Skills. 21st Century Skills Realising Our Potential, Foreword to the Skills Strategy [Z]. 2003.
③ Department for Education. Apprenticeship funding in England from May 2017 [Z]. 2016：3.

作为公共利益的代表，英国政府及官员在很多文件中和场合内不仅大力宣传学徒制和技能开发对国家发展的重要意义，也强调学徒制对于雇主、个人的利益，努力达成政府、雇主和学徒在学徒制改革发展中利益的一致。

4.1.1.2 保障学徒权益，增强学徒制的吸引力

为吸引更多人选择学徒制培训，英国出台了一系列制度，包括保障学徒权益的最低工资标准，设立高等和学位学徒制，以及取消学徒年龄界限等。

1. 英国规定了学徒的最低工资和雇员权利

所有年龄学徒的学徒期在第一年的最低工资相同，都是每小时3.9英镑。此后，按照规定，学徒有权享受国家最低工资标准，依据年龄的不同而最低工资标准不同。学徒年龄在18岁以下、18~20岁、21~24岁和25岁以上的学徒，每小时最低工资分别为4.35英镑、6.15英镑、7.7英镑和8.21英镑。学徒的正常工作时间和作为学徒制培训的时间都有权获得报酬。与其他雇员相同，学徒享有包括假期和产假在内的相同的就业权。[①]

2. 取消学徒年龄限制

英国于1994年引入现代学徒制时，主要针对18、19岁的年轻人，聚焦国家职业资格3级证书。2004年引入了2级学徒制，对3级学徒制资格进行了修订，同时取消了学徒制年龄最高限制，即25岁以上的成人能够成为学徒，这极大地扩大了学徒范围。

3. 引入高级和学位学徒制

英国于2006年引入了高级学徒制。2015年3月启动了学位学徒制，推出了9项新的行业设计方面的学位学徒制，包括特许测量、电子系统工程、航空航天工程、航空软件开发、国防系统工程、实验室科学、核能、电力系统和公共关系。引进学位学徒制的目的是"扩大获得专门化职业的机会"[②]，使得更多人员

---

① Andrew Powell. Apprenticeships and skills policy in England [R]. Briefing Paper, 2019: 6.
② Alison Felce. The Hub in a Pub: University of Wolverhampton Apprenticeship Hub [J]. Higher Education, Skills and Work-Based Learning, 2017（1）: 71.

可以在专门化职业中就业,"帮助雇主获得最高层面所需技能以提高其业务的生产力"①,进而支持企业获得"国际竞争所需的更高水平技术技能"②。英国政府清楚地知道,学位学徒制的成功"取决于雇主和大学的合作"。雇主需要牵头开发学徒制标准。为支持这一工作,英国政府提供了800万英镑的发展基金,以"帮助大学和合作伙伴根据雇主的需求收集资料,并迅速制定相关条款"③。学徒们将在大学和工作场所学习,不需要支付学费却能够获得报酬。与其他层级的学徒相同,学位学徒制的费用由政府和雇主共同承担。

高级和高等学徒制得到了企业和学徒的欢迎。高级水平(3级)学徒在2013/2014学年占学徒总数的33%,此后逐步上升,到2016/2017学年达到40%,到2017/2018学年达到了44%。高等学徒级别(4~7级)的学徒自出现以来,其数量一直呈现快速上升的态势,从2013/2014学年的仅占2%,到2016/2017学年间达到7%,到2017/2018学年则达到了13%。④

英国政府通过政策法规,满足了学徒的基本经济需求和发展需求,还通过法规明确了学徒制的在岗培训与离岗时间的比例,开发了能够反映企业能力要求的标准,增强了学徒制的吸引力。

4.1.2 吸纳相关者观点,增强政策认可基础

尽管学徒制对于政府、雇主和学徒有重要意义,但学徒制发展需要合理有效的政策作保障。英国政府经常委托有关人员组成独立小组,对学徒制的实施情况进行研究,以理解现状和问题,提出克服问题的建议。在对以上研究所提建议进行征求意见的基础上,形成了英国的学徒制政策。经过这些过程出台的学徒制政策,社会基础比较广泛,社会接受度较高。

受英国政府的委托,有关研究人员和小组发布了一系列研究报告,如

---

① Department for Business Innovation and Skills. Success as a Knowledge Economy: Teaching Excellence, Social Mobility and Student Choice [R]. 2016: 52.
② Alison Felce. The Hub in a Pub: University of Wolverhampton Apprenticeship Hub [J]. Higher Education, Skills and Work-Based Learning, 2017 (1): 71.
③ Department for Business Innovation and Skills. Success as a Knowledge Economy: Teaching Excellence, Social Mobility and Student Choice [R]. 2016: 52.
④ Andrew Powell. Apprenticeship Statistics: England [Z], 2019: 13.

2001年的《现代学徒制——工作的方式》、2005年12月的《英国的技能：长期的挑战》、①2011年的《职业教育审查——沃尔夫报告》、2012年的《理查德学徒制审查》，以及2016年的《技术教育独立小组报告》。

英国政府还委托有关人员与机构，对学徒制或职业教育问题进行研究。例如在2001年3月，时任教育和就业部长戴维·布鲁克特（David Blunkett）指定现代学徒制度咨询委员会（The Modern Apprenticeship Advisory Committee）在当年9月底之前向自己与学习和技能委员会（Learning and Skills Council）就现代学徒制发展、促进和执行的三年行动计划提交报告。为执行这一任务，该委员会进行了研究，于2001年9月发布了《现代学徒制——工作的方式》报告。2004年年底，英国政府要求利奇勋爵考虑"以最大限度地促进经济繁荣、提高生产力，并改善社会正义，以及技能开发的长期目标是什么"的问题，②于2005年12月发布了《英国的技能：长期的挑战》。

2010年，时任教育部长迈克尔·戈夫（Michael Gove）认为英国的"国际竞争对手拥有更强大的制造业"，而英国的"技术教育仍然比大多数其他发达国家弱"③。为解决这一问题，他邀请艾莉森·沃尔夫（Alison Wolf）教授审查19岁前的职业教育，并就"确保职业教育能够促进高等教育和就业"④提出建议。沃尔夫教授在执行这一审查任务时，收到了来自对英国职业教育系统有广泛认知的个人和团体的数百份意见书。在对英国职业教育审查的基础上，于2011年发布了《职业教育审查——沃尔夫报告》。基于对英国劳动力市场不断变化、青年频繁换工作、雇主重视工作经验等社会环境的分析与对职业教育体系的系统审查，沃尔夫教授提出了英国职业教育面临的若干问题以及解决问题的建议。例如，英国有许多16岁和17岁的孩子"试图找到一个真正有进步机会的课程或者一份永久性的工作，但都没有找到""1/4~1/3的16岁以后的人群主要选择低水平职业资格，其中大多数几乎没有劳动力市场价值""不到50%的学生在关键阶段4结束时（15/16岁）达到英语和数学GCSE（A*-C级）基本标准，而18

---

① Doug Richard. The Richard Review of Apprenticeships [R]. 2012：136-137.
② Leitch Review of Skills. Skills in the UK：The long-term challenge (Interim Report) [Z]. 2005.
③ Alison Wolf. Review of Vocational Education-The Wolf Report [R]. 2011：4.
④ Alison Wolf. Review of Vocational Education-The Wolf Report [R]. 2011：6.

岁时这个数字仍然低于50%。"①英国有"太多14~16岁的学生正在学习价值很低或没有价值的课程",原因是"绩效表激励学校提供这些不充分的资格"②。针对近年来英国学生不能很好地"了解特定选择可能产生的后果或者哪些课程和机构质量高"的问题,沃尔夫教授认为"政府的责任是让每个人都能得到这些信息",要"告诉公民真相",即"提供准确有用的信息,以便他们能够做出相应的决定"。③ 针对英国职业教育存在的"极其复杂和不透明"问题,沃尔夫教授认为这是因为英国在过去二十多年内注重微观管理,官僚主义成本不断增加,"中央政府重复、重叠指示,以及复杂、昂贵和适得其反的结构所致"。为此,沃尔夫教授提出"英国体系需要大大简化"。沃尔夫教授认为,未来职业院校"关注学生的需求,而不是政府机构的需求",政府要"退出微观管理",应该"把重点放在监督和保证质量、提供客观信息等关键作用上"。报告还建议要通过拨款和问责方式的改变,解决"鼓励院校引导青年人做出容易达成的选择而不是有助于他们进步的选择"问题。④ 此外,报告还提出,"学徒制框架完全由行业技能委员会制定并不合适,……对框架的审查还应考虑如何提高灵活性和对当地劳动力市场和条件的反应能力。"⑤教育部与商务、创新和技能部"应根据国际上的最佳实践,审查学徒合同安排,以提高效率,控制单位成本,并减少与不增值的经纪人或中间商活动相关的摩擦支出"⑥ 等。

英国政府希望"对英格兰学徒制进行独立审查,并将此任务委托出去。"该任务"由一位高层独立的商业人士领导""对学徒制度进行批判性审查"。英国政府提出了需要考虑的关键问题,如"学徒制的核心组成部分应该是什么""学徒制应为谁服务"、学徒制资格"是否得到雇主的认可和重视"等。政府要求该审查在2012年秋季完成并提交报告。⑦ 2012年11月发布了《理查德学徒制审查》报告,报告在审查的基础上提出了十大建议,如"应该重新定义学徒制"

---

① Alison Wolf. Review of Vocational Education-The Wolf Report [R]. 2011: 7-8.
② Alison Wolf. Review of Vocational Education-The Wolf Report [R]. 2011: 4.
③ Alison Wolf. Review of Vocational Education-The Wolf Report [R]. 2011: 8-9.
④ Alison Wolf. Review of Vocational Education-The Wolf Report [R]. 2011: 9-11.
⑤ Alison Wolf. Review of Vocational Education-The Wolf Report [R]. 2011: 14.
⑥ Alison Wolf. Review of Vocational Education-The Wolf Report [R]. 2011: 16.
⑦ Doug Richard. The Richard Review of Apprenticeships [R]. 2012: 136-137.

"学徒制应该聚焦结果""政府应该为获得最好的资格而设立竞赛""测试和认证过程应该独立并受到产业尊重"等①。

为使中小企业主"在学徒制中获得更多的控制权,并使其对中小企业的需求做出更大的响应提供建议",英国教育部,商务、创新和技能部以及继续教育、技能和终身学习部邀请杰森·霍尔特负责审查工作,就如何激励中小企业参与学徒制培训提出可行性建议。霍尔特先生拥有多家独立经营的中小型企业(如霍尔茨集团),他还是非营利性的霍尔茨学院的创始人(该学院是英国唯一的政府认可的为更广泛的珠宝行业提供培训的机构)。英国政府与霍尔特先生签署协议,要求其提出如下具体建议:"改善中小企业学徒计划的推广工作,使中小企业更容易决定如何招聘学徒""进一步加快及简化流程和现行要求,减少中小企业招聘和雇用学徒的官僚作风",以及"其他可能影响中小企业学徒计划经验的因素"②等。霍尔特先与大量的中小企业和其他利益相关机构进行了讨论,对91个机构进行了访谈。在此基础上,霍尔特于2012年发布了《让中小企业更容易获得学徒制:杰森·霍尔特的评论》,提出了"提高对学徒制利益的认识""中小企业从培训提供商那里获得最好的服务",以及"学徒制计划的所有权和责任以及消除障碍"③三大建议。

2013年3月,英国教育部,商务、创新和技能部共同发布了《英格兰学徒制的未来:理查德审查的下一步》,包括技能部长,教育部长与商务、创新和技能部长在内的三位部长在其前言中表示,"理查德提出了一个令人信服的改革案例,以确保所有的学徒制都是严格的并能满足雇主的需求",部长们同意理查德对学徒制评估的结果和提出的观点,表示"必须赋予雇主权力,使他们成为学徒制的核心",同意"把标准和质量水平提高,以提供雇主和学徒真正认可的学徒制""雇主的声音最好不是通过代表机构来表达,而是通过他们准备支付什么来表达"。部长们还表示,为迎接理查德提出的挑战,他们希望与雇主、教育工

---

① Doug Richard. The Richard Review of Apprenticeships [R]. 2012: 17-18.
② Jason Holt. Making apprenticeships more accessible to small and medium-sized enterprises: a review by Jason Holt [R]. 2012: 32.
③ Jason Holt. Making apprenticeships more accessible to small and medium-sized enterprises: a review by Jason Holt [R]. 2012: 5.

作者以及所有学徒相关人员合作，制定长期的解决方案①。为进行学徒制改革，英国政府以研讨会和书面形式就有关问题进行了咨询。通过咨询，确认了政府支持理查德观点的合理性。正如当时的技能和企业部长马修·汉考克（Mattew Hancock）在《英格兰学徒制的未来：执行计划》的前言中提到的"这就是为什么在我们3月份发布的咨询文件中，证实了我们对理查德推荐的以雇主为中心的方法的支持，并就如何使之成为现实征求了意见。"②

2015年11月，技术教育独立小组由技能部长建立。小组的任务是"就改善英格兰技术教育质量，特别是简化目前过于复杂的系统并确保新系统提供21世纪最需要的技能等行动向部长们提供建议。"③ 2016年4月该独立小组完成并发布了《技术教育独立小组报告》。报告提出了一系列建议，如"虽然政府有必要设计国家的整体技术教育体系，但必须以雇主设计的标准为核心，以确保其在市场中发挥作用"④ "取消当前的颁证机构市场模式"⑤ "学徒制局尽早审查所有现有的学徒标准，以确保标准之间没有实质性的重叠，并且每个标准都是职业标准，而不是公司特定标准"⑥等。其中的很多建议被英国政府采纳。

在现代社会，没有任何一个政府可以仅仅依靠自身的力量制定科学有效的政策和制度。英国政府在制定政策的过程中，依靠社会力量诊断问题，提出建议，在更广泛的基础上征求意见。这种注重社会力量参与学徒制决策的做法，即政府与社会多元共治，使学徒制政策的实施能被社会认可，更具有可行性。

4.1.3　明确各方职责，治理机构碎片化问题

在学徒制发展的过程中，英国出现了大量与学徒制相关的机构。随着改革的推进，这些机构的职责发生了变化，导致一些机构之间职责不明，关系不清，效率低下，存在碎片化问题，不能很好地发挥其在学徒制执行过程中的职责。

---

① Department for Education, Department for Business Innovation and Skills. The Future of Apprenticeships in England: Next Steps from the Richard Review [Z]. 2013: 3.
② HM Government. The Future of Apprenticeships in England: Implementation Plan [Z]. 2013: 3.
③ Report of the Independent Panel on Technical Education [R]. 2016: 2.
④ Report of the Independent Panel on Technical Education [R]. 2016: 17.
⑤ Report of the Independent Panel on Technical Education [R]. 2016: 18.
⑥ Report of the Independent Panel on Technical Education [R]. 2016: 10-11.

为解决这一问题，英国政府颁布实施了《学徒制问责声明》，明确了学徒制相关各方的职责。

由于种种原因，英国学徒制相关者多元且多变。有学者在反思英国建筑业现代学徒制的发展时提出，英国"政府半官方机构数量激增"，且"持续重组和重新品牌化"，这些机构"有执行政府技能政策的职责，造成混乱，导致技能体系缺乏一致性"。此外，还存在"雇主角色的表述不清晰"问题。当雇主有多条途径可以表达他们的观点时，"问题就更加复杂了，这导致了政府半官方机构'混乱和困惑'"①。这种机构繁杂的情况不仅在具体行业部门，在整个英格兰的正式技能体系机构中也存在。有学者提出英格兰拥有大量的机构，包括"4个规划和经费拨款机构、4个监管或检查机构、5个政府部门、9个代表教育提供者的机构、10个支持机构、12个战略机构和16个独立的支持机制"②。不仅是机构的数量多使系统显得复杂，机构快速变化带来的职能和制度变化进一步增加了治理的复杂性。

英国一些与学徒制相关的机构变化快速。如学习和技能委员会于2001年成立，2010年关闭；英国就业与技能委员会于2008年成立，2017年关闭；行业技能委员会于2004年引入，但其职责和运行机制也发生了重大变化等。这些机构的快速变化，增加了英国学徒制治理的复杂性。

学习和技能委员会是由英国商务、创新和技能部与儿童、学校和家庭部共同赞助的非行政公共机构，于2001年4月根据2000年《学习和技能法》成立。它取代了先前的72个培训和企业委员会以及英格兰的继续教育资助委员会。2006年学习和技能委员会的年度预算为104亿英镑。由于"灾难性的管理不善"，2008年3月17日英国政府宣布废除学习和技能委员会。学习和技能委员会在运行10年后于2010年3月31日关闭，其职能由教育与技能拨款局和青年人学习机构取代。

英国就业与技能委员会是一个由政府资助、行业主导的组织，为英国的技

---

① Mohamed Abdel-Wahab. Rethinking apprenticeship training in the British construction industry [J]. Journal of Vocational Education & Training, 2012, 64 (2): 149.
② Damian Oliver. Complexity in Vocational Education and Training Governance [J]. Research in Comparative and International Education, 2010, 5 (3): 266.

能和就业问题提供指导。它在行业技能发展局和国家雇主小组合并的基础上，于2008年4月成立，于2017年3月关闭。英国就业与技能委员会是一个非行政的公共机构，向英国政府提供技能和就业政策方面的建议。一些具体的项目随着英国就业与技能委员会的关闭而结束，如雇主所有权资助的项目、行业伙伴关系项目和英国未来计划项目。英国就业与技能委员会的一些工作职责转入了其他机构，例如全国范围内的雇主调查（如雇主观点调查和雇主技能调查），标准、资格和框架的制定等。

行业技能委员会是由雇主领导的行业组织，英国于2004年引入。行业技能委员会不以营利为目的，与商务部门合作以提升行业的技能，还承担技能需求研究的职责。行业技能委员会有四个关键目标，分别为支持雇主制定和管理学徒标准；减少技能差距和短缺，提高生产率；提高行业部门员工的技能；改善学习供给。行业技能委员会旨在通过了解其行业未来的技能需求，促进国家职业标准的制定、学徒制框架和新学徒制标准的设计和批准，并制定行业资格战略，从而实现这些目标。英国共有15个行业技能委员会，这些行业技能委员会约覆盖英国劳动力的80%。过去，英国就业与技能委员会承担批准行业技能委员会的职责。

一方面，一些机构被关闭，一些机构的相关职责发生变化；另一方面，成立了新机构，如学徒制局。为理清学徒制相关机构之间的关系，英国政府吸取了有关批评意见，于2017年颁布了《学徒制问责声明》。该声明依据学徒制有关职责和任务，如总职责，标准开发、审查和批准，学徒制培训、评估、证书颁发，拨款等，明确了教育部、教育与技能拨款局，学徒制局，教育、儿童服务和技能标准办公室，英格兰高等教育拨款委员会和高等教育质量保障办公室等相关部门的职责，使相关职责处于一个治理框架内，围绕学徒制而相互关联，避免了相关机构的碎片化问题。

4.1.4　设立学徒制周，营造社会氛围

为庆祝并宣传学徒培训对个人、企业和更广泛经济的积极影响，使社会各界更积极地参与学徒制，2008年英国设立了"学徒制周"，2019年是英国第十

二届学徒制周。该活动由教育与技能拨款局的国家学徒服务中心负责协调。

学徒制周每年主题不同，2019年的主题为"开拓道路"。会举办一系列活动，向社会介绍学徒制的成果并公布学徒制改革的重要举措等。包括BBC等具有影响力的电视台和社会媒体都会给予报告。学徒制周活动是开放的，鼓励学徒、雇主和权益相关者参加。为此，活动协调单位针对雇主、学徒和相关者参加学徒制周活动开发了专门材料，就参加学徒制周的方法、渠道，利用带有学徒制周的标示介绍作为学徒或雇主的经验，以及通过参与学徒制培训或提供学徒制培训所获得的利益等。

英国学徒制周的活动，人员和机构自愿报名参加。学徒和雇主通过包括推特、博客等各种交流工具向社会介绍自己关于学徒制的切身经验和感受。这种案例性事实，配以电视台等节目的安排和政府的宣传，提升了社会对学徒制的认可水平。

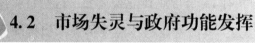 4.2 市场失灵与政府功能发挥

英国是市场化国家，在学徒制治理过程中英国政府充分发挥市场功能，当市场这只"看不见的手"出现局限时，政府这只"看得见的手"对英格兰学徒制进行元治理，使学徒制能够更好实现雇主、学徒和国家三方的利益。

4.2.1 颁布实施学徒制税制度，形成雇主激励机制

为激励企业参与学徒制，英国政府对大企业采取了学徒制税制度。还依据成本分担原则，英国政府对不同规模的企业采取了不同的经费分担政策。

英国政府认识到，要实现2020年新学徒达到300万人的目标，必须有经费保障，以"扭转雇主在培训方面投资不足"的问题。为改变这一现状，利用对经济资源的控制权或强制权，英国政府于2015年夏季宣布引入学徒制税，该税于2017年4月6日生效。

学徒制税是指那些年度工资总额超过300万英镑的雇主（占英国约2%的企

业）缴纳的用于学徒制培训和评估的税种，税率为年度工资总额的0.5%，学徒制税按月缴纳。即每个符合条件的大雇主每年至少要缴纳1.5万英镑的学徒制税。缴纳学徒制税的雇主可以获得学徒数字服务账户，每月能够获得政府提供的1 250英镑的补贴以及政府10%的配套经费。纳税者自己可以使用税收资金选择学徒培训提供者提供的培训和学徒终点评估机构的评估，不能用于学徒制的其他方面的支出，如学徒工资[①]。英国政府预计，由于学徒制税的推行，英国政府"2020年将学徒培训投资在2010年的水平上翻一番，达到每年25亿英镑"[②]。事实上，英格兰在2017/2018年度，学徒制税征集了27亿英镑；在2018年4月—2018年11月，又征集了18亿英镑。教育部估算，在2017—2018年，约有1.9万名雇主缴纳了学徒制税款。这意味着，支付税款的雇主每年平均向他们的征税账户缴纳了约14万英镑。英国财政研究所在关于学徒资金改革的报告中计算出，60%的雇员为学徒制纳税雇主工作。自2017年4月征收以来至2018年9月30日，政府代表雇主从其学徒期征费账户向供应商支付了3.7亿英镑。[③]

小企业数量巨大，在吸纳青年人就业方面发挥了重要作用。据英国教育部估算，2017~2018年度，英国有1 444 300家小企业（雇员为0~49人），约占英国所有企业数量的96%。[④]英国政府规定"员工不足50人的雇主培训16~18岁的学徒，不需要为培训和评估费用做贡献"，政府"将为这些人支付100%的培训费用"。[⑤]对于培训其他年龄段的中小企业，英国政府按照共同投资原则，规定不需缴纳学徒制税的中小雇主。如果希望培训学徒，需提供培训和评估费用的10%，政府将支付剩下的90%的费用。如果纳税雇主在学徒培训与评估方面投入的资金超过他们数字账户中的资金，雇主则需要投资超出部分金额的10%，

---

① Department for Education. Apprenticeship Funding：Apprenticeship funding in England from May 2017［Z］. 2016：8.
② Department for Education. Apprenticeship funding：Proposals for apprenticeship funding in England from May 2017［Z］. 2016：3.
③ Andrew Powell. Apprenticeships and skills policy in England, Briefing Paper［Z］. House of Commons Library. 2019：12.
④ Department for Education. Information on apprenticeship levy：Data broken down by size and sector and the total apprenticeship budget［Z］. 2016：5.
⑤ Department for Education. Apprenticehsip Funding, Apprenticeship funding in England from May 2017［Z］. 2016：13-14.

而政府也将支付剩余的90%。

学徒制税对于学徒制数量的增加和质量的提升具有重大意义。正如Semta集团首席执行官安·沃森（Ann Watson）女士的观点，她认为学徒制税"将使雇主牢牢地坐在驾驶席上"，因为学徒制税可以确保企业"有能力从批准的供应网络中选择和购买高质量的学徒培训，或自行培训学徒。"这种观点符合英国政府的思想，学徒制培训费用"最终应在雇主、个人和国家之间分摊，以反映每个人所获得的利益"。这种方式不仅是"一种更好的分配稀缺资源的方式"，它还意味着"个人和企业有动力确保所提供的资源满足他们的需求。"①

4.2.2 明确学徒制经费的档次，引导学徒制顺利发展

依据2018年4月17日教育与技能拨款局更新的数据，英国政府支持430多个学徒标准的学徒培训。这些标准涉及英国"16岁后技能计划"中提出的15个专业大类（如农业、环境和动物护理、商务与管理、工程与制造，以及交通与物流等）。标准共分六级，分别为2至7级，其中2级属于中级，3级属于高级，4级以上属于高等。高等学徒制中包括学位学徒制，即6级和7级学徒制。

2018年8月起，英国政府将不同类型、不同层级的学徒制培训和评估的支持经费分为30个档次，每一档次规定了最高支持金额。第一档最低，最高额度为1 500英镑；第三十档最高，最高额度为27 000英镑。其中，第一至第八档，每升一档增加500英镑；第八档之后，每增加一档，增加1 000英镑②。所有的学徒标准支持经费都纳入每一具体的经费档次。政府声明，这样做的目的之一是让雇主在协商培训和评估价格时考虑到这一上限。学徒制经费档次表具体内容见附录4。

经费的支持力度依据专业和层次不同而不同。如学徒制天然气工程技工3级培训项目，政府可支持的最高经费为27 000英镑；学徒制水暖技术员3级，可支持21 000英镑；家禽技术员3级，则只能支持6 000英镑；公共服务运营交

---

① Department for Business Innovation and Skills. Skills for Sustainable Growth Strategy Document Full Report [R]. 2010：10.
② Andrew Powell. Apprenticeships and skills policy in England，Briefing Paper [Z]. House of Commons Librarary，2019：31.

付官3级，3 000英镑；打桩员2级，可支持15 000英镑。

学徒制所涉专业类别多，层级多，要求培训的时间不同，需要的培训和评估成本相差较大。英国这种细化不同层级、不同标准的学徒制培训经费支持的做法，比较符合实际情况，能够更好地覆盖提供学徒制培训的雇主的成本，在一定程度上解决了雇主提供学徒制培训的经济顾虑。

4.2.3 加大资金投入，提供学徒制发展的经费保障

为推进学徒制的实施，使更多的人获得学徒制培训的机会，英国政府持续增加政府投入，用于学徒制培训和评估以及学徒标准开发等方面的支出。

2010年英国政府提出，到2014/2015学年，成人学徒人数要增加7.5万人，即每年有20多万人开始接受学徒培训。为此，英国"增加学徒投资，在支出审查期间达到2.5亿英镑"，即"2011/2012学年将有6.05亿英镑的投资"，在此基础上，2012/2013学年的学徒制经费继续增加，指示性预算达到6.48亿。[①] 2016~2020年，英国教育部的学徒制预算保持了增加的态势，逐年递增。从2016/2017学年的18.8亿英镑，增加到2017/2018学年的20.1亿英镑，2018/2019学年的22.31亿英镑，最后增加到2019/2020学年的24.5亿英镑[②]。

为鼓励雇主采取更有利的举措来提高所属行业的技能，提升工作场所的实践能力，英国政府设立了一个新的"增长和创新基金"。为此，英国政府"每年向企业提供高达5 000万英镑的资金"，与企业共同承担培训成本。[③]

为加快学徒制的发展，英国政府还提供了专项经费。如2018年10月，英国政府宣布拨出500万英镑为学徒制局引入新标准的专项经费，用于"更新现有标准"，实现"到2020/2021学年开始时所有新学徒都将使用相同的更高质量的标准"的目标。

---

① Department for Business Innovation and Skills. Skills for Sustainable Growth Strategy Document Full Report [R]. 2010: 7.
② Department for Education. Information on apprenticeship levy: Data broken down by size and sector and the total apprenticeship budget [Z]. 2016: 8.
③ Department for Business. Innovation and Skills. Skills for Sustainable Growth Strategy Document Full Report [R]. 2010: 8.

4.3 多方互动，体现透明性与回应性

在英国学徒制政策的制定过程中，注重依托第三方开展研究，注重对决策内容的咨询，注重依据咨询意见对政策内容进行修订。英国学徒制政策的制定过程具有透明性，体现了对意见的回应。

4.3.1 政策制定，咨询安排

英国在制定职业教育或学徒制培训政策的过程中，具有比较高的透明度和开放性，主要表现在对未来政策的草案或现行政策执行的咨询安排，以及日常反馈方面。

4.3.1.1 对学徒制税的咨询

学徒制税是英国学徒制改革的重要举措之一。英国政府为此实施了多次咨询活动，涉及学徒制的操作问题和技术内容，在咨询的基础上，对学徒制税的有关内容进行了修订。

在学徒制税实施前，为获得社会各界对学徒制税实施的意见，英国商务、创新和技能部发布了名为《学徒制税：雇主拥有的学徒制培训》的文件，对政府提出的征收学徒制税的建议展开了咨询。这一咨询自2015年8月21日开始，2015年10月2日结束，咨询时间为期6周。为有效收集信息，此次咨询开发了一套问卷，包括具体问题和开放问题。

这些问题涉及学徒制税的使用范围、使用时间长度，鼓励雇主多提供学徒培训的方法、有效性问题、方便程度、体现雇主主导等。关于学徒制税的使用范围、设计的问题，如"从大公司筹集的部分学徒资金是否应用于支持未缴纳税款的小公司的学徒培训""雇主是否能够将其学徒培训资金用于培训不是自己雇员的学徒"，以及"你是否同意学徒制税只能用于学徒制培训和评估的成本"等。关于学徒制税金的使用时间长度问题，如"到期前多长时间雇主必须使用

学徒制税资金"。关于鼓励雇主多提供学徒培训方法的问题,如"如果雇主希望培训更多的学徒,但该雇主的纳税经费加上政府补贴不足以支撑,我们应该怎么支持"。关于学徒制税使用的有效性问题,如"我们如何确保学徒制税支持高质量学徒制的发展"。关于雇主使用学徒制税的方便程度问题,如"潜在模式是否能使雇主轻松、简单地获得学徒培训的资金"。有的问题涉及雇主主导学徒制税的使用,如"能够获得学徒制税资金的培训提供者是否应该进行注册和/或接受某种形式的批准或检查"等。回答问卷问题者,可以通过在线、电子邮件或信函方式反馈结果。

为使学徒制税更为合理,英国税务与海关署就"学徒制税条例草案"的具体内容进行了技术咨询。咨询内容主要包括学徒制税的计算、报告、缴付及追讨等问题。咨询自2016年12月14日上午9:30开始,于2017年2月3日夜晚11:45结束。

在学徒制政策制定的过程中有正式的咨询安排,在学徒制政策的实施期间也有日常性的意见反映通道,英国政府依据合理的意见调整学徒制相关政策。在学徒制税刚开始实施时,雇主可以将其未使用的学徒资金转移给其他雇主,这一比例最多为其年度资金的10%。在吸取有关意见的基础上,英国政府调整了这一比例。基于质量核心以及增加雇主投资和参与培训未来的劳动力这一思想,"通过与雇主、供应商、学徒、终点评估机构、外部质量保证供应商和学徒制局的定期联系",为确保学徒培训和资金可用,英国政府"对学徒的培训和资金进行了调整",英国政府于2018年12月20日在回答有关问题时宣布,从2019年4月起,雇主可以将所缴纳的学徒制税中的25%向其他雇主转移,这一比例较以前的规定增加了15%。

经费是学徒制运行的基础,英国政府认识到其重要性,不仅在学徒制税方面进行了系列咨询,而且对学徒制经费的操作也进行了咨询。为使学徒制经费更为有效,更易于操作,2013年英国商务、创新和技能部及教育部共同发布了《英格兰学徒制经费改革咨询》报告。英国政府认为,不能通过"中央计划"和"对培训提供者提出更多的要求"来建立一个反应迅速的系统,建立一个反应迅速的系统的唯一方法是"保证通过最终用户(雇主)为学徒制提供资金",因为

"雇主最能判断哪些培训值得投资"。英国当时的技能部长马修·汉考克先生提出，对于学徒制"我们需要一个简单的系统"，这一系统要"免除大量政府设定的拨款利率的复杂性"，要"按照雇主自己愿意投资的比例来提供资金"①。这一咨询报告提出了三种可行的经费支付模式，即直接支付模式、PAYE（Pay as you earn，是指支付员工工资时帮员工代扣代缴的工资税）支付模式，以及提供者支付模式。② 至于哪种模式更为便利有效，政府强烈建议大家提出各自的观点，在综合大家观点的基础上，政府能够选择和完善最有效的支付模型。

4.3.1.2 对终点评估的咨询

终点评估的引入也是英国学徒制改革的重要举措之一。在运行一段时间后，资格与考试办公室于2018年2月26日至5月4日期间，就规范学徒制终点评估问题进行了专门咨询。此次咨询的目的是征求对资格与考试办公室的终点评估规则和指导内容的意见，以确保终点评估机构提供有效的终点评估，同时确保"不会给终点评估机构带来不必要的监管负担"③。

此次咨询以问卷为主，共涉及28个问题，获得了30多个来自颁证机构、私人培训提供者、雇主、其他代表或利益群体机构等的反馈意见。资格与考试办公室对问卷问题进行了一一分析，并在此基础上修订了终点评估具体指南的建议，扩展了与规范相关的指导以确保终点评估组织对其必须包含的内容和必须发布的方法有清晰的认识，修订了关于事件通知的建议条件和指南，以及提供了使用与终点评估有关的条件术语的额外说明等。

4.3.1.3 对学位学徒制的咨询

英国还就学位学徒制的内容进行了咨询，以确定其是否能够反映真实需求。2017年11月30日晚11:59分至2018年1月8日期间，英国对专业经济师综合学

---

① Department for Business Innovation and Skills, Department for Education. A Consultation on Funding Reform for Apprenticeships in England [Z]. 2013: 3.
② Department for Business Innovation and Skills, Department for Education. A Consultation on Funding Reform for Apprenticeships in England [Z]. 2013: 10.
③ Ofqual. Analysis of responses to our consultation on regulating apprenticeship end-point assessments [Z]. July 2018: 4.

位学徒制（Professional Economist Integrated Degree Apprenticeship Consultation）的内容进行了咨询。咨询主要通过在线方式进行。

咨询的对象比较广泛，分别来自公共部门、私营部门、第三方机构、高教机构、专业机构等。这些代表中有近一半来自雇员超过1 000人的大公司，约有2/5来自中小型企业（其中约有10%来自中型企业）。对于所提出的专业经济师综合学位学徒制的内容，有83%的代表同意或非常同意这一学徒制提出的职业概况较好地描述了专业经济师的核心职责，75%的代表认为提出的知识是适当的知识，82%的代表认为技能是可掌握的，89%的代表认为记录了适当的行为。关于专业经济师综合学位学徒制需要的时间，73%的代表认为合适。这一咨询的结果成为确定和修改专业经济师综合学位学徒制内容的重要依据。

此外，英国政府还就一些综合性的学徒制改革政策进行了比较广泛的咨询。如就理查德所提出的英格兰学徒制改革建议进行了咨询，就改革对具有受保护特征的人群的潜在影响提出了具体问题。"您认为文件中提出的建议会对任何群体，包括那些具有受保护特征的群体，产生积极的或消极的影响吗？请为你的答案提供依据，并说明改革将影响哪些方面以及如何管理这些影响"等。[1]

政策能否得到顺利实施，关键在于执行者对政策的认可度。英国在学徒制政策制定的过程中，通过委托第三方进行研究，可以比较客观地发现问题并通过政策提出应对措施，对学徒制进行主动治理。通过咨询，收集政策的反馈信息，使政策更具可操作性。由于相关者参与了决策研究和意见咨询，形成了对政策的"所有感"，进而降低了学徒制政策实施的阻力。

4.3.2 公布发展信息，增进各方了解

英国政府于2015年宣布到2020年实现300万名学徒的目标后，《2016年福利改革和工作法》规定政府有义务每年报告实现这一目标的进展情况。[2]

英国政府不仅宣传学徒制对于雇主、学徒和社会的意义，而且还注重通过

---

[1] Department for Business Innovation and Skills. Apprenticeship Reforms, Equality Impact Assessment [R]. 2014: 7-8.
[2] Andrew Powell. Apprenticeship Statistics: England, Briefing Paper [Z]. House of Commons Library. 2019: 18.

具体数字，说明学徒制给学徒、雇主和社会经济发展带来的极大的利益，以增加民众对学徒制的认可度。如上所述，英国商务、创新和技能部发布了雇主和学习者评估报告，介绍了雇主和学徒对学徒制的满意度，以及学徒制给他们带来的利益，包括学徒的能力、职业前景的改善，收入增加的具体额度，以及雇主的产品质量的提升情况等。学徒制局在其发布的《战略计划：2018—2023》文件中列举了学徒制给学徒带来的成果。例如"97%的学习者认为自己干工作的能力提升了，92%的学习者说他们的学徒制改进了自己的职业生涯"。[①]

为使社会了解学徒制宏大目标的实现情况，英国于2017年3月发布了《学徒制改革项目利益战略》，表示政府将定期发布学徒制发展情况。为体现学徒制目标实现的情况，英国开发了一套测量学徒制实现目标程度的指标。如"促进学徒进步"的目标，体现在"提高学徒的收入"和"就业或学习方面"两个方面。在"提高学徒的收入"方面，主要考虑"4年的平均收益"。学习方面的进展主要表现在"在完成学业后，学习者在就业方面取得持续进步的比例有所增加""在完成学业后，在更高层次学习中达到持续目的的学习者的比例增加"，以及"职业生涯得到改善的学徒的比例增加"[②] 三个方面。

依据以上指标，英国教育部于2018年发布了学徒制改革发展报告，介绍了改革取得的成果。学徒制改革使学徒制作为一种制度建设取得了较好的成果。如"所有学徒岗位都成为实薪工作"，每个学习者的学习时间从2017年的540小时增加到了2018年的670小时。改革建立了官方非行政公共机构的学徒制局，它"把雇主放在决策的中心，确保有质量的学徒制标准"。改革引入的学徒制税，"要求所有年薪在300万英镑或以上的雇主支付其工资的0.5%用于学徒培训"，税收确保了可持续的资金基础。改革使高级及以上学徒制得到较大发展，表现在"三级及以上学徒的比例有所增加"，而"高等新学徒也增加了34.6%"。学徒标准得到学徒的广泛认可，选择"学徒标准"而非学徒框架项目的学徒人数大幅增加，从2017年的3%上升为2018年的37%等[③]。学徒和雇主作为学徒

---

① Institute for Apprenticeships. Strategic plan 2018-2023 [Z]. 2018：7.
② Department for Education. Apprenticeship Reform Programme Benefits Realisation [Z]. 2017：14.
③ Department for Education. Progress report on the Apprenticeships Reform Programme [R]. 2018：3-4.

制的主要相关者，在雇主满意度和学徒收入方面都表现良好。2018年的进展报告表明，84%的雇主对他们的学徒计划感到满意，完成不同层级学徒的收入都较以前有所增加。①

尽管目前的学徒制发展取得了不错的成绩，但英国政府进一步提出，尽管学徒制对学徒、雇主和社会带来了巨大的利益，但与澳大利亚、瑞士、德国、法国等国家相比，英国的学徒制发展还很不够。"英国每小时工作创造的GDP比七国集团其他成员国的平均水平低17%，比美国和德国低约30%。"② 为此，英国需要加大对技能的投入，大力发展学徒制。这种信息的公开，使社会各界能够更好地理解学徒制发展的客观情况，有利于相关各方关注并参与学徒制相关工作。

4.3.3 建立咨询机构，把握多方需求

英国学徒制相关机构有自己的理事会或咨询委员会。它们有定期开会的制度，就重大方向性问题和工作实践层面问题进行讨论、协商，并做出决定，以平衡相关者利益，并保障学徒培训的质量。

1. 学徒制局董事会

学徒制局设有董事会，它负责审议学徒制局执行官和高级管理人员的法律地位、权利、角色和职责，负责明确学徒制局发展的战略方向。目前的董事会主席由安东尼·詹金斯（Antony Jenkins）先生担任。他是10x未来技术有限公司的创始人兼执行主席，曾担任过巴克莱银行的首席执行官。董事会成员由来自企业和教育行业的人士，以及有一定影响力的人士组成。

2. 技能拨款局

技能拨款局（2017年4月1日后并入教育与技能拨款局）设有咨询委员会，以保证有来自商务和继续教育行业代表的直接投入。目前，该委员会共有14位成员，其中一位为主席，其他13位分别来自技能拨款局、英格兰就业和技能委

---

① Department for Education. Progress report on the Apprenticeships Reform Programme [R]. 2018：8.
② Department for Business Innovation and Skills. Apprenticeships Levy：Employer owned apprenticeships training [Z]. 2015：5.

员会、商务、创新与技能部、英格兰学院协会、会计技术员协会、英格兰产业联合会、全国学生联合会、工会大会等。

技能拨款局咨询委员会向技能拨款局负责人提供在实践层面如何落实政策的咨询意见，以及继续教育和培训的有效性意见。其职责具体包括：①就其责任范围内的政策执行的任何方面向技能拨款局提供建议；②当由主要利益相关者团体经历时，提供由技能拨款局资助或提供服务的有效性/质量的反馈机制；③作为任何重大新政策举措的实施计划和时间表的传声筒；④为发展新的伙伴关系的结构/机制并为改善组织网络中利益相关者关系而提供工具；⑤向技能拨款局和教育部建议需要评估或检查的服务和基础设施领域；⑥通过咨询委员会各成员组织提供的渠道，促进成人学习和技能筹资系统所有方面的有效沟通与传播。一般说来，咨询委员会每年要召开5~6次会议，并在政府网站上公布每次会议的记录。

3. 威斯敏斯特金斯威学院与城市和伊斯灵顿学院董事会（WKCIC董事会①）

WKCIC董事会成员由企业、社区、地方行政当局、学生和员工等人员组成。董事会对公共资金的使用负责，并对学院的资产负有责任。董事会设立了一些分委员会来进行具体的工作，包括审计、课程与绩效、财务与资源、研究和治理，以及薪酬。

董事会每年召开五次会议，讨论与学院发展相关的问题，并做出相应决定。如2017年3月8日召开的会议决定：重新设计学徒制项目，通过改变销售策略和一些分包的安排来解决学徒制执行力不足的问题；充分利用现有关系来开展业务，培训机构将其营销活动集中在学徒制税纳税的雇主身上；高等教育策略属于中长期优先发展事项等。

4.4 建设数字服务平台，对接供需双方

学徒制的顺利实施，要有信息平台。雇主需有平台发布可提供的学徒岗位，

---

① WKCIC于2016年8月1日由威斯敏斯特金斯威学院与城市和伊斯灵顿学院合并而成，WKCIC董事会是其治理机构。

知晓寻找学徒制培训提供者和终点评估机构的渠道；学徒申请者也需要明确到什么地方可以获取学徒机会。2009年英国启动国家学徒服务，建设了数字服务平台①。

这些平台为雇主、学徒申请者提供服务。通过该平台，学徒可以创建自己的账户，依据工作名称（或雇主名称）、地点、距离，以及学徒层级，可以找到什么机构提供符合自己期望的学徒位置。该平台还提供关于学徒的信息，如作为一个学徒的益处、学徒的层级及与其他教育层级的关系。还提供了学徒制服务热线，电话和邮箱等联系方式。对于雇主，该平台介绍了雇佣学徒的有关信息，包括什么样的人可以成为学徒、雇佣学徒的经费支出、如何支付、签订学徒制协议、学徒培训的要求、解雇学徒的程序，以及从批准的学徒制注册机构中寻找培训机构等内容。雇主可以注册并使用学徒制服务，可在该系统中公布可提供的学徒职位。平台提供学徒制注册培训提供者清单和终点评估机构注册单的链接。雇主和学徒申请人员通过这一平台可以很方便地得到所需要的服务。学徒服务平台这一公共服务的提供，使雇主、学徒、学徒制培训提供者、终点评估机构，以及政府之间建立了顺畅的连接。

---

① Andrew Powell. Apprenticeship Statistics: England, Briefing Paper [Z]. House of Commons Library, 2019: 17.

第 5 章
中英学徒制治理体系比较分析

通过分析进入 21 世纪以来的中国与英国的学徒制治理体系，本书认为，两国学徒制的治理主体、治理过程和治理工具都存在诸多差别，这种差别产生于中英两国不同的历史、发展现状和社会制度。

5.1 21 世纪中国学徒制试点政策概述

5.1.1 试点政策

5.1.1.1 教育部"现代学徒制"试点政策

在 2014 年和 2015 年，我国教育部分别颁布了《教育部关于开展现代学徒制试点工作的意见》和对应的试点通知，并公布了对应的试点工作实施方案。此后，分别在 2015 年 8 月、2017 年 8 月和 2018 年 8 月公布了三批试点名单，共计 562 个单位。现代学徒制试点工作在全国广泛开展。

包括政府、行业、企业、中等职业学校、高等职业学校、学生/学徒和企业培训者等在内的相关者参与了现代学徒制试点工作。此次试点的目标是要逐步建立中国特色的现代学徒制。试点内容包括"校企协同育人机制""招生招工一体化""人才培养制度和标准""师资队伍"建设,以及"管理制度"。①

现代学徒制试点由教育部主导,《教育部关于开展现代学徒制试点工作的意见》(以下简称《意见》)提出了"坚持政府统筹,协调推进""坚持合作共赢,职责共担""坚持因地制宜,分类指导",以及"坚持系统设计,重点突破"的原则。在"坚持政府统筹,协调推进"原则方面,《意见》要求统筹利用好政府、行业、企业、学校等资源,协调好政府相关部门的关系,形成合力。《意见》要求"坚持校企双主体育人",以"形成学校和企业联合招生、联合培养、一体化育人的长效机制"等。《意见》要求各地教育行政部门"会同人社、财政、发改等部门,制定本地区现代学徒制试点实施办法",各地要"建立跨部门的试点工作领导小组",还要"推动政府出台扶持政策"② 等。

5.1.1.2 人力资源和社会保障部"企业新型学徒制"试点工作政策

2015年7月,人力资源和社会保障部与财政部共同发布了《企业新型学徒制试点工作方案》,在北京市、天津市等12个省市区启动了企业新型学徒制试点工作。三年后,人力资源和社会保障部与财政部又共同发文,要"全面推行企业新型学徒制"③,提出到2020年和2021年培训企业新型学徒制数量的目标。

人力资源和社会保障部有关文件规定,新学徒制的对象为"企业技能岗位新招用和转岗等人员",这些人员"必须与企业签订一年以上劳动合同"。④新学徒制的内容为"招工即招生、入企即入校、企校双师联合培养"⑤。新学徒制的培养模式为"企校双制、工学一体",由"企校双师带徒",培训机构要"采取

---

① 中华人民共和国教育部. 关于开展现代学徒制试点工作的通知 [Z]. 2015.
② 中华人民共和国教育部. 教育部关于开展现代学徒制试点工作的意见 [Z]. 2014.
③④ 中华人民共和国人力资源和社会保障部. 人力资源和社会保障部 财政部关于全面推行企业新型学徒制的意见 [Z]. 2018.
⑤ 中华人民共和国人力资源和社会保障部. 企业新型学徒制试点工作方案 [Z]. 2015.

弹性学制,实行学分制管理"。

企业新型学徒制相关者包括政府、企业、院校和培训机构,试点按照"政府引导、企业为主、院校参与"的原则进行。企业为主体,主要体现在企业承担主体责任方面。企业要与学徒、培训机构分别签订培养协议和合作协议,① 而且还要按照法规向学徒支付工资,向培训机构支付学徒培训费用。文件规定,政府要支持试点工作,如提供补贴用于职业培训和职业技能鉴定。

5.1.1.3　国家发展和改革委员会的"技术技能人才双元培育改革"试点政策

2015年9月,国家发展和改革委员会等四部门共同发布《关于印发〈老工业基地产业转型技术技能人才双元培育改革试点方案〉的通知》(发改振兴〔2015〕2103号),同时公布了《老工业基地产业转型技术技能人才双元培育改革试点方案》。

方案提出了"政府统筹、行业指导""双元培育、互利共赢""择优先行、制度突破",以及"地方负责、国家支持"的原则;提出了试点目标和重点任务,涉及"责任分担的合作育人机制""双元培育的人才培养模式",以及"产教融合的法制建设"等②。"双元培育试点"虽然没有提及学徒制名词,但试点的内容属于学徒制。方案提出的双元培育的人才培养模式包括双主体共同育人、双导师共同指导、双元教学、双元评价等内容,均属于学徒制人才培养模式的内容。

试点方案是试点工作的指南。分析比较教育部、人力资源和社会保障部、国家发展和改革委员会发布的各个试点方案可以发现,这些方案侧重试点的总体思路、原则、框架性内容,而没有形成系统完整的治理体系,这是试点过程中企业不积极参与的主要原因之一。

---

① 中华人民共和国人力资源和社会保障部. 人力资源和社会保障部 财政部关于全面推行企业新型学徒制的意见 [Z]. 2018.
② 国家发展和改革委员会. 关于印发《老工业基地产业转型技术技能人才双元培育改革试点方案》的通知 [Z]. 2015.

5.1.2　中国学徒制治理体系分析：基于试点政策的分析

虽然处于试点阶段，但这些试点已反映出进入 21 世纪以来我国学徒制治理的一些基本内容。基于对教育部、人力资源和社会保障部、国家发展和改革委员会的有关试点方案及其相关政策分析可以发现，我国学徒制治理的相关者呈现出多样化，但相关者之间没有形成网络；学徒制实施的工具较少且简单，约束力不强；政府虽然重视，但在一些重要方面存在功能缺失等治理问题，具体体现在以下几方面。

5.1.2.1　相关者及其职责

分析有关文件可以发现，教育部、人力资源和社会保障部，以及国家发展和改革委员会的学徒制及双元培育试点工作的相关者包括政府、行业、企业、院校或培训机构，文件对相关者的职责和任务做出了界定，见表 5-1。

表 5-1　教育部、人力资源和社会保障部、国家发展和改革委员会学徒制及双元培育试点相关者职责的比较

相关者	现代学徒制试点工作实施方案	企业新型学徒制试点工作方案	老工业基地产业转型技术技能人才双元培育改革试点方案
政府	引导： 1. 各地建立跨部门的试点工作领导小组； 2. 制订试点工作的扶持政策； 3. 统筹协调； 4. 加大投入力度	引导： 1. 经费支持：提供职业培训和职业技能鉴定补贴；给予职业培训补贴； 2. 建立与试点企业的联系制度	统筹： 1. 政府统筹人力、物力、财力，整合资源； 2. 政策支持：确定企业学徒培训的权利和义务；推行校企双主体育人制度；教育部、人力资源和社会保障部、国家发展和改革委员会组织实施试点工作

续表

相关者		现代学徒制试点工作实施方案	企业新型学徒制试点工作方案	老工业基地产业转型技术技能人才双元培育改革试点方案
企业	总职责	校企双主体育人： 1. 招生招工一体化； 2. 共同设计人才培养方案； 3. 师傅与教师双向挂职锻炼； 4. 学分制等	企业为主/培训主体： 1. 与学徒签订培养协议； 2. 与培训机构签订合作协议，主导确定具体培养任务； 3. 选拔企业导师； 4. 支付学徒基本工资	企业是办学主体：双主体办学、双主体育人、双导师指导。保障学徒基本权利
	企业导师		指导学徒岗位技能操作训练	
院校/培训机构	总体责任	双主体育人： 1. 招生招工一体化； 2. 同设计人才培养方案等； 3. 学分制	参与：在校学习；实行学分制管理	办学主体：双主体办学、双主体育人、双导师指导
	教师		学校教学	
行业		参与		指导： 1. 水平评价类职业资格具体认定工作； 2. 协调和规范； 3. 发布行业用工信息； 4. 专业指导、质量评价和技术服务
社会/相关部门和人民团体		支持	密切配合	

分析试点方案发现，教育部、国家发展和改革委员会与人力资源和社会保障部对学徒制及其试点方案要求的内容既有相同点，也有不同侧重，具体体现如下。

1. 政府职能

教育部、国家发展和改革委员会,以及人力资源和社会保障部对政府在学徒制及其试点工作中的定位不同。教育部与人力资源和社会保障部将政府定位为引导职能,而国家发展和改革委员会却将政府定位为统筹职能。虽然用词不同,但分析具体内容发现,教育部与国家发展和改革委员会对政府的职能基本相同,都涉及跨部门工作制度、政策、经费等方面,只是侧重点不同。人力资源和社会保障部对政府的职能定位相对简单,但内容更为具体明确,聚焦经费补贴和与企业的联系制度的建立。

2. 企业职能

教育部与国家发展和改革委员会强调企业为主体,要作为主体与院校共同承担试点相关的育人或办学职能。人力资源和社会保障部则强调企业是培训主体,培训要以企业为主,提出企业在新型学徒制中要承担"主导确定具体培养任务""选拔企业导师",以及"支付学徒基本工资"等职责。

3. 院校职能

如上所述,教育部与国家发展和改革委员会将院校或培训机构定位为学徒制或双元培育的主体之一,与企业主体一同承担主体责任。但人力资源和社会保障部只是将培训机构定位为参与单位,负责学校或培训机构内的学徒学习。

4. 行业职能

教育部将行业定位为参与试点单位,人力资源和社会保障部在其试点方案中没有涉及行业部门,而国家发展和改革委员会则将行业部门作为指导单位设计进试点方案。国家发展和改革委员会提出,行业应该发挥资格认定、协调规范、信息发布、专业指导、质量评价和技术服务等职能。

5. 社会/相关部门和人民团体职能

教育部只是希望"社会支持"试点工作,人力资源和社会保障部提出希望相关部门和人民团体与试点工作进行"密切配合",而国家发展和改革委员会则没有涉及这方面内容。

5.1.2.2 相关者关系

我国学徒制及双元培育试点的相关者相对简单,即便如此,这些相关者之间也没有建立起有效的关系。具体体现在以下几方面：

1. 政府部门之间的关系

通过分析我国学徒制与双元培育试点的政策发现，我国政府重视学徒制试点工作，但各部门之间缺乏沟通与交流，存在各自为政的问题。由于教育部、人力资源和社会保障部、国家发展和改革委员会之间缺乏沟通，尽管实施的都是与学徒制相关的试点，但使用的是不同的名称。如上所述，教育部使用的是"现代学徒制"，人力资源和社会保障部使用的是"企业新型学徒制"，而国家发展和改革委员会使用的是"双元培育"。这三个部分不仅试点的侧重点不同，而且试点的制度内容也有较大差别。

不同部门的不同制度设计，使得学徒制或双元培育试点的学校和企业之间的关系不同。教育部及国家发展和改革委员会将学校和企业视为双主体关系，人力资源和社会保障部将企业和学校视为主体与参与的关系。人力资源和社会保障部比较清楚地界定了企业与学徒的关系，学徒为企业员工，但这些员工是新招或新转岗的人员；教育部与国家发展和改革委员会则对学徒没有界定。

教育部的现代学徒制试点与人力资源和社会保障部的新型学徒制试点，同为学徒制试点，但由于内涵不同，支持条件也不同。如教育部职业教育与成人教育司在试点方案中只是要求"制订试点工作的扶持政策"，要"加大投入力度"，通过"财政资助、政府购买等措施"来引导企校开展现代学徒制试点工作①。职业教育与成人教育司的这一要求太过一般，不具体，可操作性不强。因为这一要求没有回答投多少经费，从哪儿获得经费，经费投入的标准是什么等问题。人力资源和社会保障部与财政部发布的关于新型学徒制的文件中，关于"健全企业对学徒培训的投入机制"和"完善财政补贴政策"的内容都非常具体。遵照文件内容，开展新型学徒制试点的企业明确哪些需要出资，按什么标准出资，获得经费支持的渠道有哪些，以什么方式出资等②。

2. 参与试点的企业和院校之间的关系

教育部、人力资源和社会保障部、国家发展和改革委员会对学徒制和双元

---

① 教育部职业教育与成人教育司. 现代学徒制试点工作实施方案 [Z]. 2015.
② 中华人民共和国人力资源和社会保障部. 人力资源和社会保障部 财政部关于全面推行企业新型学徒制的意见 [Z]. 2018.

培育试点过程中的企业和院校或培训机构之间的关系规定不同，教育部及国家发展和改革委员会将两者关系规定为"双主体"关系，人力资源和社会保障部则将企校关系规定为主体与参与关系。但试点过程中尤其是现代学徒制的试点过程中，依然存在院校和企业之间关系不紧密的问题，即存在企业"冷"和院校"热"的问题。如本书在"1.1 问题提出"节中所述，教育部在试点过程中，"学校和相关企业之间缺少纽带，导致学校和企业之间仍处于分离状态"；国家发展和改革委员会双元培育的试点过程中，"15 个试点城市中有 11 个城市在自查报告中提出，企业参与试点不积极"。

3. 行业协会与企校关系

我国在 20 世纪末进行的机构改革，在撤销一批行业性的行政部门的同时建立了一批行业协会。由于经费、人力资源、管理等问题，"我国行业协会组织能力弱化成为一种普遍现象。"除少数行业协会外，总体说来我国行业协会资金不足，"缺少政府或者企业的专项经费支持"；能力不强，"官办型行业协会领导人"多为退休领导，工作人员"大多源于部门分流人员"；"服务意识偏弱"，且"专业化水平偏低"[1]，难以承担学徒制试点要求的指导责任，行业协会与学徒制或双元培育试点的企业和院校的关系很松散。

5.1.2.3 相关者关系建立的工具

政策性文件是我国学徒制试点相关者之间关系建立的主要依据。政策性文件主要包括教育部、人力资源和社会保障部、国家发展和改革委员会的试点方案。这些方案通过"试点目标""基本原则""试点内容""保障措施"等内容，明确了政府、企业、院校、行业、学徒等之间的关系。

政府与试点机构之间的关系，通过学徒制试点单位通知、试点任务书及建设方案确定。目前，教育部发出通知公布了三批现代学徒制试点单位，要求试点单位"对照任务书和建设方案"推进试点工作。教育部学徒制试点单位的工作任务书内容主要包括项目基本情况、分年度目标及验收要点、资金预算表等

---

[1] 肖凤翔，贾旻. 行业协会参与现代职业教育治理的机理、困境和思路 [J]. 西南大学学报：社会科学版. 2016（7）：87.

内容。项目基本情况包括建设总目标和具体目标两部分。学徒制试点项目实施方案包括基本情况、工作基础、目标及任务、进度安排、政策及条件保障、预期成果及推广价值。

签订协议是学徒制试点过程中使企业与培训机构、企业与学徒等之间建立关系的主要手段。但这些协议涉及面小，仅仅局限在学校、企业和学生之间。协议属性不清，协议内容对协议各方缺乏约束力。

5.1.3 中国学徒制治理体系存在的一些问题

通过分析我国学徒制试点和推广有关文件发现，我国学徒制治理体系还存在若干功能缺失问题，如缺乏明确的学徒制内涵、缺乏激励企业参与试点的动力机制，以及缺乏专业服务支撑体系等。

5.1.3.1 学徒制内涵不清

尽管相关部门力推学徒制及相关试点，但既没有明确提出学徒制的内涵，也没有提出判断学徒制的基本标准。

教育部与人力资源和社会保障部的学徒制试点相关文件虽然都提到了学徒制的内涵，但内容不具体。教育部的文件提出了"中国特色现代学徒制"的概念，其内涵体现在"政府引导、行业参与、社会支持"，以及企校"双主体育人"方面[①]。但文件对关键的"双主体育人"内容没有进一步说明，也没有提出判断企校"双主体育人"的标准与方法。人力资源和社会保障部提出了企业新型学徒制的主要内容，即"招工即招生、入企即入校、企校双师联合培养"，提出了企业新型学徒制"培养对象和培养模式""培养主体责任"，以及"培养目标和主要方式"等。但人力资源和社会保障部所提出的培养目标为"符合企业岗位需求的中、高级技术工人"。学徒培训是否合格，标准之一是学徒能否取得包括职业资格证书在内的各种证书。这种证书很宽泛，既包括职业资格证书、职业资格等级证书，也包括专项职业能力证书、培训合格证书和毕业证书。人

---

① 教育部职业教育与成人教育司. 现代学徒制试点工作实施方案［Z］. 2015.

力资源和社会保障部对企业新型学徒制内容的规定并不完善，所提出的培养目标和实现培养目标的要求过于笼统，不能将学徒制培训目标与非学徒制目标区分开来。所提出的"主要方式"只是强调"工学一体化"，这是职业教育普遍使用的一种方法。在培训时间安排上，人力资源和社会保障部提出要在"保证学徒在企业工作的同时"，学徒能够参加培训机构的培训。虽然提出培训机构的培训是"系统的、有针对性的"，培训内容包括"专业知识学习和相关技能"，但对于什么是"系统而有针对性的学徒培训"，人力资源和社会保障部并没有给出具体说明。①

一些试点单位对学徒制的内涵也存在认识不清问题。如某试点城市提到的"一线人员对现代学徒制的有关认识还比较模糊"，这反映在不明确"现代学徒制的核心"内容，不清楚现代学徒制与"校企合作、产教融合、订单培养"的关系。一些试点机构设计的学徒制试点方案和任务书也没有很好地反映学徒制的基本内涵。例如，有试点方案提出以"完善人才培养制度和标准"为试点目标，为此，试点期间"要与合作企业携手，共同研制人才培养方案，开发课程和教材"等。试点单位要研制的是"人才培养方案"，而不是"学徒"培养方案。有的试点单位即使将名称改为"现代学徒制人才培养方案文件"，但文件中的具体内容与非试点的职业教育人才培养方案并无太多区别。

5.1.3.2 缺乏企业参与试点的动力机制

学徒制试点期间，除企业新型学徒制试点有专门的经费来源渠道外，教育部的现代学徒制试点及国家发展和改革委员会的双元培育试点都没有专项支持。教育部试点单位普遍反映，由于没有专项经费支持，对学徒的去留缺乏约束，以及实习安全存在隐患等问题，企业参与试点的积极性不高。

现代学徒制试点单位普遍遇到企业参与学徒制试点不积极的挑战，无论试点单位是城市，是行业、企业，还是中等职业院校和高等职业院校。一些试点城市提出"现行优惠政策对试点企业吸引力不强"，因为企业通过纳税所得额的

---

① 中华人民共和国人力资源和社会保障部. 人力资源和社会保障部 财政部关于全面推行企业新型学徒制的意见 [Z]. 2018.

扣除政策优惠远抵不上企业培训学徒的成本。一些地方的企业参与试点之所以不主动，是因为缺乏"人才成本分担机制"。与试点城市的以上观点相一致，有的行业协会也提出，"目前国家没有支持现代学徒制的专项经费"，试点经费"由学校和企业自行承担"。如果这种情况持续下去，试点工作"难以为继"。因为企业在"学徒岗位提供、师资支持、学徒生产和生活等方面"投入很大，却"没有合理的回报机制"。作为试点主体之一的职业院校，试点过程中遇到的一个重大挑战是企业参与问题。有高等职业院校提出"'学校热，企业冷'现象严重"。另外，有院校和企业认为，学徒培训完成后毁约不留在培训企业工作，导致企业培训成本加大。由于种种原因，学徒在培训期间难以解决企业员工的身份问题，导致在企业发生与学徒有关的安全事故后，按照《中华人民共和国合同法》不能享受《工伤保险条例》赔付，只能按商业险赔付，导致企业不愿意提供学徒制培训。

5.1.3.3　缺乏专业服务支撑

学徒制试点过程中，有试点单位不清楚"现代学徒制的核心到底是什么"等问题，往往将一般性的校企合作与学徒制相混淆。这种问题的存在，由于缺少专业服务支撑体系，导致试点内容学徒制属性不明显。

在试点过程中，试点单位对照试点方案和试点任务做出了很多努力。与企业签订协议，与企业共同开发标准与课程，与企业共同聘用教师等。试点评估也是以任务书为依据，对照检查是否有文字材料，签署的协议、开发的标准、形成的制度文本等。但这些协议是否合理，标准是一般性的职业教育专业标准还是学徒制标准，教学方案是否具有学徒制属性等问题，则关注得不够。导致这种问题出现的原因之一是缺乏负责学徒制试点日常专业咨询服务的专业机构，从而缺乏试点成果的规范要求，导致呈现的结果五花八门。如试点单位提交的学徒制标准的名称就包括"现代学徒制企业实习课程标准""现代学徒制企业实习标准""现代学徒制岗位标准""专业教学标准""专业课程体系"，以及"现代学徒制课程标准"等。由于缺乏对学徒制内涵的规范，有试点单位提出了"学制为三年的专业，学徒总的实习时间（含顶岗实习）原则上不得超过一年"

的规定。

我国学徒制试点过程中存在的学徒制内涵不清、企业参与缺乏动力,以及缺乏专业服务等问题,都属于学徒制治理问题。我国还没有形成内容清晰的学徒制制度环境,职业院校作为学徒制体系内的相关方没有具备与企业交流的资源,也没有形成支撑学徒制发展的专业支持网络。

5.2 中英学徒制治理体系比较

由于历史不同,制度不同,发展阶段不同,目前中英两国学徒制治理体系也不同。这种不同表现在治理体系的主要方面,包括治理机构、治理相关者之间的关系和治理工具等方面。

5.2.1 中英两国学徒制治理体系比较

5.2.1.1 学徒制治理主要机构比较

英国学徒制治理机构的参与者,既包括政府决策层面的相关者,也包括政府执行层面的相关者,还包括质量保证方面的相关者和服务机构。与英国相比较,我国学徒制试点相关者的类型较少,存在机构缺失现象,具体内容见表5-2。

表5-2 中英学徒制治理机构比较

机构	中国	英国(英格兰)
政府决策部门	教育部、人力资源和社会保障部、国家发展和改革委员会	教育部、教育与技能拨款局、学徒制局等
咨询服务部门	研究机构、专家团队(专委会)	决策咨询独立小组
政府非行政执行机构		教育与技能拨款局,教育、儿童服务和技能标准办公室,资格与考试办公室,英格兰高等教育拨款委员会

续表

机构	中国	英国（英格兰）
雇主导向的非政府公共机构		学徒制局
独立的教育专业机构		高等教育质量保障办公室、学生办公室
企业	企业	企业
院校	院校	注册培训机构
学徒制评估机构		终点评估机构
服务机构	行业指导委员会	SSCs、UVAC、AoC

英国基于学徒制实施所需职能而设立机构，机构的设置具有系统性。与英国学徒制治理体系内机构进行比较后发现，中英两国学徒制治理机构有诸多不同，具体体现在以下几方面。

1. 机构类型

英国（以英格兰为例）学徒制治理机构种类多，我国的机构类型相对较少。与英国相比，我国学徒制治理体系内缺少政府非行政执行机构、专门负责学徒制标准质量的雇主主导的机构，以及专门提供学徒制评估的机构。

英国学徒制治理机构包括政府决策部门、决策咨询部门、政府非行政执行机构、雇主导向的非政府公共机构、独立的教育专业机构、企业、院校和学徒制评估机构，以及服务机构等。大量的服务于学徒制发展的政府非行政执行机构，包括教育与技能拨款局，教育、儿童服务和技能标准办公室，资格与考试办公室，英格兰高等教育拨款委员会等在英国学徒制的发展中发挥了重要功能，它们负责学徒制提供者资格的制定和审核，负责学徒制服务，负责质量监测及资格证书的质量和颁发等工作。与英国相比，我国学徒制治理机构类型不多，包括以教育部、人力资源和社会保障部、国家发展和改革委员会为代表的政府决策机构，包括以职业教育行业指导委员会为代表的服务机构，以及院校和企业。

英国学徒制治理体系内有三类机构值得关注。①学徒制局。如"第3章英国学徒制治理新体系研究：基于内容的分析"所述，2017年4月英国成立了学徒制局，该机构对学徒制质量承担全部责任。具体表现在负责提出学徒制标准，负责学徒制标准开发者即开拓者小组的审核工作,以及提出学徒制不同类别不同层次标准的经费补贴建议等。英国政府采纳了理查德报告的雇主主导学徒标准的建议,认为这是关系学徒制能否成功的重要方面,为此成立了雇主主导的专门负责学徒制标准的学徒制局。该局由公共经费支持,英国政府通过战略性文件提出学徒制局的工作重点和方向。②政府非行政执行机构,尤其是教育与技能拨款局。教育与技能拨款局负责学徒制的拨款、学徒制提供者标准的制定与审核,以及学徒制服务中心的工作。通过学徒制提供者资格制度的实施,教育与技能拨款局为学徒制执行机构之间的委托-代理的建立奠定了一定的基础。通过学徒服务中心的工作,教育与技能拨款局促进了学徒制供应与需求之间的对接。③学徒制终点评估机构。学徒制实施的结果如何,需要由专业机构承担评估任务,以获得比较客观、准确的信息,为改进学徒制工作,出台新政策提供事实依据。英国通过发布终点评估机构标准和审核工作,确保学徒制终点评估机构具有评估不同专业不同层级的学徒制的能力。此外,在英国,参与学徒制的院校和企业都必须要达到一定资格,通过专门的认定。

目前,我国申请学徒制试点牵头的机构要经过评审才能获得试点资格。一旦获批,对于参与试点的其他机构,我国并没有资格要求。

2. 咨询服务机构

我国建立了服务学徒制试点的专门组织——现代学徒制工作专家指导委员会(以下简称"专委会"),而英国则是依据学徒制的具体任务,邀请代表组建团队。

学徒制试点过程中,我国重视发挥专家的作用。在各省推荐的基础上,于2017年7月组建并设立了专家库。专委会包括主任委员1位,委员31位,均来自职业教育系统,其中30位来自中高职院校,1位来自地方教育研究机构,1位来自地方教育行政部门。① 教育部职业教育与成人教育司《关于成立现代学徒制工作专家指导委员会、设立专家库(2017—2020年)的通知》规定,这一专委会的主要职责是开展研究、项目遴选、指导实践、开展评估,以及促进交流等。

---

① 教育部职业教育与成人教育司. 关于成立现代学徒制工作专家指导委员会、设立专家库(2017-2020年)的通知[Z]. 2017.

但是专家组成员中,缺乏学徒制的企业、行业代表。专委会承担的更多的是事务性任务,难以承担深入的研究工作,提供高质量的决策咨询服务能力不足。

依据任务,英国邀请了理查德、沃尔夫、霍尔特等人牵头,对英国学徒制的相关问题进行专门研究,依据政府的要求对英国学徒制及相关问题进行了深入研究,提交了政策咨询报告,其中一些报告成为英国学徒制改革的基础。

3. 统筹机构

与我国不同,英国由一个部门承担学徒制的总体责任,而我国在国家层面则有3个部门在各自系统内发布有关政策并推行相关试点工作。

英国教育部承担学徒制的全部责任,具体运行则由学徒制局负责。在标准开发、审查和批准方面,英国教育部"制定总体学徒政策和学徒制局需要遵循的运营框架"。在培训质量方面,"建立提供者市场战略,并建立政策框架以支持优质提供者的健康发展和有竞争力的市场",而且"包括批准市场准入和市场退出的总体方法"。在资格的质量方面,英国教育部负责制定政策,规定"拥有什么样的资格将得到政府的经费支持"等。[①]

我国有多个部门认识到了学徒制的重要意义,教育部、人力资源和社会保障部、国家发展和改革委员会都发布了有关文件推行学徒制及相关试点工作。虽然能够发挥不同部门所长,但我国缺乏学徒制政策的统筹机构,导致政出多门,政策内容多有不同,具体体现在学徒制的内涵、企业和院校的定位,以及学徒制经费支持政策等方面。

5.2.1.2 学徒制相关者之间关系比较

英国学徒制治理体系内相关者之间通过不同的治理工具,建立了比较稳定持久的关系。由于我国还处于试点阶段,一些制度还没有完善,学徒制治理体系内相关者之间的关系还存在不稳定以及缺乏"关系"的问题。

1. 委托-代理关系

英国学徒制相关者之间建立了委托-代理关系,这种委托-代理关系通过设

---

① Department for Education. Apprenticeship Accountability Statement [Z]. 2017: 5, 6, 8.

立代理人资格制度、通过契约、通过建立获取代理人信息的督导环节而更为有效。我国有关政策也要求企业与学徒、企业与院校之间签订协议，但这种协议缺乏规范性和约束性，相关者之间还没有建立起完善的委托-代理关系。

英国作为一个完全市场化的国家，具有丰富的市场运作经验。通过契约，在学徒制治理体系内的相关者之间，英国实现了政府与专业部门、公共部门与企业、公共部门与职业教育提供者（院校或其他培训机构）、雇主与学徒、终点评估机构与雇主等的委托-代理关系。为此，有关机构还开发了契约模板。英国政府制定了一系列执行学徒制相关任务的机构的资格与条件，包括学徒制培训者资格、学徒制标准开发者资格、学徒制终点评估者资格等。通过《学徒制局战略指南》，英国教育部代表英国政府委托学徒制局执行有关学徒标准和评估计划等方面的职责。通过协议与合同，教育与技能拨款局与雇主、教育与技能拨款局与学徒培训提供者、培训提供者与雇主等之间建立了委托-代理关系。为避免代理人"道德风险"问题，英国设立了督查环节。英国还关注到了完全契约和不完全契约在学徒制委托-代理关系建立中的使用，使得学徒制委托-代理关系更为有效。英国的契约往往与经费挂钩，约束力较强。学徒制委托-代理关系的建立，明确了相关者之间的职责、权利与义务，委托人和代理人都清楚各自的权益，进而明确工作内容和前进方向。

我国也努力在学徒制治理体系内建立委托-代理关系。学徒制试点文件要求企业、院校、学徒签订三方协议，或签订企业、院校、学徒和监护人的四方协议。在政府和试点机构之间，通过试点任务的申请与批准的方式，也建立了委托-代理关系。但总体说来，我国学徒制治理体系内的委托-代理关系覆盖面较窄，仅仅覆盖学校、企业、学徒和监护人，以及政府和试点单位。我国的协议多为意向性行为参照，没有与经济挂钩，约束力不强。一旦出现违约，也缺乏有效的处罚手段。政府与试点机构之间通过试点资格审核而建立的委托-代理关系，更多的是政府给予试点机构代理政府试点的责任，缺乏给予试点机构作为代理者的权利和利益。这些问题的存在，导致我国学徒制相关者之间的委托-代理关系不稳固、不持久。

2. 网络关系

学徒制需要有包括政府、行业、企业、院校和专业机构等在内的相关者的多方支持。这些相关者之间需要构建网络，为实现自身的目标和公共目标而共同努力。英国利用政策规定和经济杠杆建立了覆盖学徒制活动基本需求的网络，功能比较全面。我国也认识到了构建学徒制相关者之间网络的重要性，做出了包括建立职业教育集团和建立产教对话机制在内的多种努力。但由于缺少资源交换等原因，我国学徒制治理网络还没有真正建成。

英国学徒制形成了网络体系，形成了既相互独立又相互联系的政策、需求、供应、治理保障和综合服务等网络。英国学徒制所形成的每一个网络在数量上都有3个及以上的集体或组织，这些网络间的互动和资源交换相互依存，为实现学徒制目标而发挥各自优势，实现了网络治理。

我国学徒制在试点过程中，相关者数量不少，但他们之间的沟通较少，资源交换不足，难以形成真正意义上的网络。在决策层面，教育部与人力资源和社会保障部之间沟通不足，资源交换不足，无法形成政策网络。到目前为止，我国劳动力市场需求与职业教育供应的信息系统尚未建成，校企之间没有形成沟通交流的网络。职业院校不清楚企业的需求，企业也不了解职业院校所提供的教育。职业院校往往通过自己熟知的渠道获取片面信息。我国的学徒制支持网络也尚未建立，学徒制试点单位遇到需要解决的专业问题，难以找到专业咨询部门。职业教育集团的建立，是我国为实现职业教育资源共享、责任共担的一种制度创新。在学徒制试点过程中，职业教育集团也发挥了一定的作用，但作用有限。职业教育集团内部也存在职业教育院校成员居多，企业成员较少，院校一头"热"企业一头"冷"的问题。

3. 国家和社会各方关系

英国政府通过"元治理"，使相关各方理解、接受并支持学徒制发展的政府目标，并将政府目标转变为自己的目标。我国也强调学徒制的重要性，但学徒制的实施更多的是政府的倡议，国家和相关各方并没有达成目标的一致。

英国政府通过宣传，向社会介绍学徒制可以给雇主和学徒带来的实际利益，以及英国在学徒制方面存在的问题，使社会接受大力发展学徒制不仅是政府的利益所在，也是社会各方的利益所在的观点。通过第三方研究及其对决策征求意见的方式，使社会对政策具有所有感，进而有利于学徒制政策的推行。最重要的是，英国也通过包括学徒标准开发、高等学徒制的设立、学徒制局的建立，以及学徒制税的实施等改革措施，提升了学徒制的质量，使学徒制相关者真正感受到学徒制实施带来的利益，促成了政府与社会在学徒制目标方面的一致性。

尽管我国政府采取了一系列措施，我国在试点学徒制过程中依然面临众多挑战与问题。一些学生不愿意成为学徒，因为学徒制对学生缺乏吸引力。一些企业对参与试点并不积极，因为学徒制试点无法从经费和内容上满足企业的要求，可能还会加重企业的负担。这种局面导致学徒制试点在目前更多的是政府和职业院校的意愿。

在学徒制改革过程中，英国在国家层面通过"元治理"，厘清了政府与相关者之间的关系，将政府意愿转化为社会的意愿；在众多学徒制机构之间，通过网络治理，确定了沟通、交流和交换关系；在学徒制实施机构之间，通过委托-代理关系的建立，明确了各自职责、权利和义务。我国处于学徒制试点阶段，在学徒制治理体系内的相关成员之间、学徒制试点执行机构之间尚未建立起比较稳定和有效的关系，还没有将政府的目标转化为相关各方自觉施行的目标。

5.2.1.3 学徒制相关者关系治理工具比较

在学徒制治理方面，英国及我国都使用了政策、法律和契约等治理工具，但所使用工具的类型和范围都有差别。

（1）在使用法律工具方面，英国政府在多部法律中明确了学徒制的内涵、学徒制局的定位等内容。我国到目前为止，现代学徒制或新型学徒制尚属于试点和推广阶段，有关内容还没有上升到法律层面。

（2）在使用政策工具方面，我国的政策内容上比较宏观，指导性意见较多；英国的政策比较具体。为使大众理解并执行学徒制的相关政策，英国政府及有关机构还开发了一系列指南、手册等材料，利用线上线下等渠道对有关内容进行宣传和解释，召开研讨会，并提供各种咨询服务。

（3）在使用经济手段方面，我国虽然在多个文件中强调经济手段的使用，以激励行业、企业更好地参与学徒制和职业教育，但缺乏具体的制度设计，缺乏可操作性方法。英国实施的学徒制税制度及学徒制经费的执行办法，内容具体、明确，便于操作。

（4）在使用契约方面，契约覆盖了英国学徒制大部分相关者，且契约与经费相挂钩；我国契约的使用则局限在学校、企业和学生或家长，以及政府和试点机构。我国所使用的契约，缺乏一致内容框架，约束力较弱。

5.2.2 中英两国学徒制治理体系分析

5.2.2.1 中英两国发展不同阶段

英国属于发达国家之一，处于创新驱动发展阶段。2016年，英国人口6 560万，人均GDP为40 095.9美元。2017年、2018年，英国在全球竞争力排名中排第8位。英国的高等教育与培训在137个国家中排名第20，劳动力市场效率排名第6，技术准备排名第4。[①]

我国是世界上最大的发展中国家，处于效率驱动发展阶段。2016年的人口为13.827亿，人均GDP为8 113.3美元。2017年、2018年，我国在全球竞争力排名中排位第27位。我国的高等教育与培训在137个国家中排名第47，劳动力市场效率排名第38，技术准备排名第73。[②]

5.2.2.2 中英两国学徒制治理体系构建的社会背景分析

中英两国学徒制治理体系的不同，源于两国不同的社会治理体系。英国是一个高度发达的资本主义国家，保守党和工党是英国两大政党，轮流执政，实施自由市场经济制度和君主立宪制，其治理模式具有浓重的"威斯敏斯特"性质的市场治理模式。我国实施的是中国共产党领导下的多党合作和政治协商制度，强调治理体系和治理能力现代化。作为一个后发国家，尽管发展快速，但我国在治理体系建设，包括学徒制治理体系建设方面还存在需要改进的多个

---

① World Economic Forum. The Global Competitiveness Report 2017—2018 [R]. 2018：300.
② World Economic Forum. The Global Competitiveness Report 2017—2018 [R]. 2018：90.

方面。

英国的保守党和工党互相监督、互相攻击，执政理念和治理方式不断变化。保守党是英国最大的政党，主张自由资本主义和自由市场经济，强调有限政府，减少国家干预经济，加强"法律"和"秩序"。英国工党则主张强化政府功能，建立福利型国家。在发展历程中，英国政府不断平衡政府和市场关系，政策呈现"钟摆运动"现象。①

由于历史发展，英国形成了"威斯敏斯特"治理模式。这一模式具有"明确的等级关系""强调控制""组织结构固化"等属性，是一种自上而下并具有官僚主义色彩的治理模式。第二次世界大战后至1979年期间，通过各党之间达成"战后协议"，英国形成了凯恩斯福利国家治理体系。该体系强调国家职责，体现了"威斯敏斯特"模式的特征。英国的保守党在20世纪70年代末至90年代中期引入了"新公共管理"和"小国家策略"，对社会治理体系进行了改革。保守党强调私有化，将大量公共部门机构和雇员编入到私人机构中②，将私营部门的管理方式和激励机制引入到公共部门，增强竞争性和顾客选择权。其间，保守党还执行了"下一步计划"，即创造"半自治的代理机构"以负责政府管理职能的运行。此后，英国出现了上百个代理机构，雇用了政府一半以上的公务人员。面对保守党改革出现的问题，如机构分割、中央政府控制能力减弱等，工党政府提出"联合政府"理念，建立若干新机构，采用"审计""设立目标""公共服务协议"等方式，以加强"中央集权"，进而对英国的"威斯敏斯特"模式进行重构。③

英国社会治理体系的不断变化，也极大地影响着英国学徒制治理体系的内容。在学徒制治理方面，英国政府广泛使用经济手段和规则进行治理，如学徒制税、市场准入、质量监控等。由于市场的发达，且通过政府的"公共服务协议"，多年来英国培育了众多的机构，包括公共部门组织、颁证机构、评估机构

---

① 吴必康. 变革与稳定英国经济政策的四次重大变革 [J]. 江海学刊, 2014 (1): 168.
② Rhodes R A W. Understanding Governance - Policy Networks, Governance, Reflexivity and Accountability [M]. Buckingham: Open University Press, 1997: 89.
③ 宋雄伟. 重新建构的"威斯敏斯特模型"——论新工党时期英国的国家治理模式 [J]. 社会科学家, 2009: 34.

等。为了整合这些机构，形成合力，英国注重政府统筹功能的发挥。政府关注战略方向，将具体的服务职能分派给政府非行政部门，同时注重政府在这些部门之间的统筹协调功能的发挥。通过明确了战略和问责制声明等内容的文件的颁布，使得学徒制相关者明确各自的职责、工作范围与方向。政府只负责"掌舵"，其他部门的职责则是"划船"。

英国往往以项目形式设立某种或某类机构。如果有需要，英国往往通过协议设立机构，并规定其任务、执行任务的期限，以及提供相应的经费支持。到时间节点时，要对该机构执行的任务进行评估。如果评估结果令人满意，可以续签合同。反之，当任何一个政府部门或机构"不能达到中央政府所设立的目标时"，中央政府会给予"从减少相应的资金到关闭政府部门或机构的惩罚"①。在英国学徒制治理体系的形成过程中，一些著名的机构，如英国就业与技能委员会、英国学习和技能委员会就被政府关闭了。这种制度的执行，使得英国学徒制治理体系比较灵活。

与英国情况不同，我国是共产党领导的社会主义国家，实施的是社会主义市场经济制度。改革开放40年间，我国社会治理体系也逐步建立和完善。我国的社会治理体系正在发生变化，治理理念正在从"管控"向"治理"转变，社会治理主体从"一元"到"多元"转变②等。但由于我国市场机制不健全，社会组织发育不全，我国依然是政府导向的社会，大政府小社会特征明显。社会力量较弱，非行政机构为政府分忧解难的能力不足。由于权利规范不够，政府也存在缺位和越位等问题。此外，由于我国组织机构设立的相关规定，一旦设立机构，该机构就比较稳固，很难解散。为此，我国在设立机构时往往比较谨慎。

与社会治理体系特点相一致，我国学徒制治理体系也存在政府主导、社会力量不足等问题。在学徒制治理主体方面，我国是政府主导，相关多元参与不足。我国学徒制治理存在部门缺失（如学徒制工作相关的专业部门）、部门能力

---

① 宋雄伟. 重新建构的"威斯敏斯特模型"——论新工党时期英国的国家治理模式 [J]. 社会科学家，2009：37.
② 陈鹏. 中国社会治理40年：回顾与前瞻 [J]. 北京师范大学学报：社会科学版，2018 (6)：18-19.

不强（如行业协会）问题。虽然我国政府主导学徒制试点，通过政策发布、项目发布推动学徒制试点工作，但另一方面我国政府部门还存在学徒制相关功能缺失的问题，如提供学徒制相关的公共服务功能的缺失，缺乏学徒制信息服务系统等。

在学徒制试点过程中，我国形成了一些具有本国特色的经验和做法，如发挥职业教育集团的功能，发挥职业教育教学行业指导委员会的作用等。这些经验的形成，为完善我国学徒制治理体系奠定了一定的基础。

5.3 英国学徒制治理体系构建中几个值得关注的问题

英国学徒制改革的进程中也曾出现过一些问题，这些问题与英国学徒制治理新体系之间存在关联，值得我国关注。

英国学徒制改革的一个指导思想是雇主主导，即将雇主置于学徒制的"驾驶席"上。但同时，改革所体现出来的是大雇主置于学徒制的"驾驶席"上，而中小企业主的代表性不足，导致中小企业参与学徒制的积极性下降，进而出现了新学徒数量下降的问题。这个问题主要体现在学徒标准不能很好反映中小企业的需求，其实质反映的是英国学徒制治理新体系内治理主体中企业的代表性问题。

学徒标准开发由雇主牵头的开拓者小组执行，由学徒制局的 15 个专业小组批准。开拓者小组"所涉及的公司规模反映了行业中典型的公司规模构成，以大中型组织为主"，小企业在开拓者小组中代表性不足，因为"与小企业的接触通常是间接的，通过一个中介或代表性的组织。"[①] 这 15 个专业小组代表了 15 个专业大类的雇主的声音，这些专业小组的专家是其"所在行业的专家"，他们具有"突出的职业知识、非凡的经验和对所在行业未来技能需求的批判性把握"。学徒制局认为，专业小组的成员应该毫无例外地都是他们所服务的行业的

---

① Department for Business Innovation and Skills. Process evaluation of the Apprenticeship Trailblazers: Final Report [R]. 2015: 6.

杰出代表，为此，制定了选择专业小组成员的标准。学徒制局提出，作为专业小组成员，他们需要掌握最新的专业知识，尤其是应用性专业知识，了解不同职业角色的详细要求，具有权威性；有较高资历，通常是负责人/主任或以上级别的成员，并且要在机构内有重大成就，还要具有战略眼光。满足以上条件的成员，往往来自大企业，由这些小组成员所主导的学徒标准更好地反映了大企业的需求。

大企业往往对高级及以上的学徒标准的需求量较大，而中小企业则对中级需求比较多。由于标准内容反映大企业的需求，这导致了高级和高等层级的学徒占比上升、中级学徒占比逐渐下降的态势。2016/2017 年度，40%的新学徒是高级学徒，7%是高等学徒，53%是中级学徒。而 2017/2018 年度，以上比例分别为 44%、13%和 43%。[①] 2013/2014 年度以后，中、高级和高等学徒占比一直保持以上趋势。2013/2014 年度，中级学徒的比例为 65%，此后逐年下降，2014/2015 年度为 60%，然后是 57%和 53%，最后到 2017/2018 年度的 43%，五年间下降了 18%。而高级学徒的占比则从 2013/2014 年度的 33%逐年上升，到 2017/2018 年度达到 44%，其间共上升了 11%。高等学徒占比也与高级学徒的发展趋势相同，从 2013/2014 年度的 2%，上升至 2017/2018 年度的 13%，增幅为 11%。[②]

英国的"威斯敏斯特"治理模式，存在没有充分调研就出台学徒制相关政策的官僚问题，给学徒制的发展带来了负面的影响。2013/2014 年度，曾经出现过一次高级学徒人数大幅下降的现象，原因是英国引进了高级学习者贷款制度，要求 24 岁及以上的个人接受这些贷款以支付高级学徒费用的二分之一。这是第一次希望学徒为他们的学习成本做贡献。这一政策导致了 2013/2014 年度 24 岁以上的高级或高等学徒人数大幅下降，降幅达到 88%。2014 年 2 月，教育与技能拨款局宣布不再要求学徒贷款，也不再要求那些没有偿还贷款的学徒还贷。[③]

英国学徒制在治理新体系形成的过程中，尽管取得了较好的成果，但依然

---

① Andrew Powell. Apprenticeship Statistics：England, Briefing Paper [Z]. House of Commons Library, 2019：7.
② Andrew Powell. Apprenticeship Statistics：England, Briefing Paper [Z]. House of Commons Library, 2019：13.
③ Andrew Powell. Apprenticeship Statistics：England, Briefing Paper [Z]. House of Commons Library. 2019：18.

存在一些问题。英国强调雇主功能的发挥，但没有很好地关注小型企业的需求，他们在雇主导向的制度中没有得到很好体现；强调对学徒制经费的共同投入，但学徒制经费投入的新方式对小企业参与学徒制培训的影响也没有进行深入调研；此外，高级学徒贷款制度的实施与结束，是典型的自上而下的官僚治理模式的体现。我国在进行学徒制治理体系建设时，需要吸取英国的上述教训。

第 6 章
结论与启示

英国学徒制治理新体系是英国社会治理体系的产物。这一新体系通过"元治理"体现了政府职责,将政府的目标转化为大众的意愿;通过网络治理,将相关机构系统性地纳入学徒制治理体系,实现了不同种类相关机构之间的沟通与交流,为实现学徒制目标而共同努力;通过资格准入和契约等工具,形成了学徒制的委托-代理关系。英国学徒制治理新体系还体现在利用政策手段和咨询过程,来处理学徒制治理体系内政府与社会、政府与市场等的关系,进而实现多元相关者与政府目标一致性的达成,体现治理的透明性和回应性等方面。英国学徒制治理新体系的内涵还可以概述为:①新机构,如设立了学徒制局,更好地体现企业学徒制实施过程中的主体地位;②新关系,通过发布《学徒制问责声明》而界定了学徒制相关者之间的关系;③新动力,通过实施学徒制税而更好地激发了企业参与学徒制的积极性,通过高级和学位学徒制的设置更好地吸引了更多人员参与学徒制;④新目标,英国发布了到 2020 年实现 300 万学徒的目标,并且使政府和社会形成了这一目标的共识。

虽然中英两国国情不同,但英国学徒制治理新体系建设过程中所形成的经验,反映了治理理论的基本原理,其中很多经验值得我国关注和借鉴。

6.1 结论

政府是英国学徒制治理新体系的设计者。通过"元治理",明确了学徒制的内涵,依据学徒制活动和需求设立了包括学徒制局在内的相关机构,制定并实施了学徒制税制度,形成了学徒制激励机制,并提供了学徒制公共服务平台,为实现英国学徒制到2020年有300万学徒的目标,奠定了良好的基础。

6.1.1 增强国家竞争力是英国政府深度参与学徒制的主要原因

英国作为一个高度市场化的国家,其政府之所以深度参与并主导学徒制,同时将学徒制和技能开发视为国家战略,主要原因是希望通过学徒制的实施开发英国的技能,提高生产率,进而提升国家竞争力。

英国在多个文件中均与其竞争国家进行了生产率和企业受雇员工中学徒人数的比较。认为英国之所以生产率比七国集团中的不少国家要低,是因为英国劳动力的技能水平较低。随着时间的流逝,英国将出现数百万需要中级和高级技能的职业岗位。英国还认为生产率的高低与青年人的就业密切相关,因为那些学徒制高度发达国家的青年人失业率低。为此,英国政府提出了宏大的学徒制发展目标,并为此采取了一系列举措,深度参与并设计了学徒制改革发展的总体制度框架。

6.1.2 注重学徒制内涵的规范,明确学徒制是什么

英国政府通过法律、规划、战略等政策手段,明确了学徒制的范畴、原则、发展目标与方向,为学徒制治理形成了基本的制度基础和范围。

英国还通过政府文件提出了必须遵守的学徒制质量的核心原则。英国政府在《英国学徒制:我们的2020愿景》中对学徒制的内涵进行了明确的规定。该报告提出,学徒必须是"技术职业"中的一项工作,如果不是技术职业,则不能提供学徒制培训。从事这项工作要必须接受"持续至少12个月"的培训,其

间,至少"有20%的离岗培训"。这规定了学徒制培训的时间和结构安排。报告还提出学徒制通过"开发可迁移技能、英语和数学",以获得"一种职业中的全部能力",而且这种能力要"通过学徒制标准的成绩来证明"。这既是对学徒制目标的规定,同时也提出了学徒制的标准问题。

英国2016年《企业法》明确了学徒制的内涵,《学徒、技能和儿童学习法案2009》规定了学徒培训协议要符合的条件,《英国学徒制:我们的2020愿景》规定了英格兰学徒制到2020年发展的数量目标、将雇主置于"驾驶席"上的原则,以及拨款的方法。

通过规定学徒制的内涵及其相关内容,使相关者更容易意识到学徒制与其他事务的区别,为理解并参与学徒制奠定了认知方面的基础。

6.1.3 以活动为依据设立学徒制相关机构,明确谁做什么

学徒制治理体系需要有执行学徒制活动且职责分明、相互联系的机构。英国政府通过《英国学徒制问责声明》的发布,按照学徒制活动的需求来规定不同相关者的职责,使学徒制相关机构纳入英国学徒制治理体系内且共同承担相应职责。

《英国学徒制问责声明》明确了学徒制相关者的职责。学徒制实施要有总设计和总规划机构,学徒制实施前需要有标准开发和审核机构,学徒制执行过程中要有质量保障机构,学徒制执行后要有评估机构,然后要有颁证机构,学徒制执行还要有拨款机构等。按照学徒制的活动顺序,《英国学徒制问责声明》明确了不同机构的职责。如教育部承担学徒制总体责任;教育与技能拨款局负责学徒制经费体系的运行管理,包括培训提供者的合同和审核工作、学徒制培训提供者的注册工作和学徒制评估机构的注册工作;学徒制局负责标准和评估计划的设计、批准和检查工作;教育、儿童服务和技能标准办公室负责关怀儿童、年轻人,并为所有年龄学习者提供技能和教育服务的监测和管理服务;资格与考试办公室负责管理英格兰的资格、考试和评估工作;英格兰高等教育拨款委员会为英格兰高等院校提供经费并提供管理服务;高等教育质量保障办公室负

责监管英国高等教育的质量和标准,并提供相应的建议等。[①]

为体现英国学徒制改革雇主主导的思想,解决先前英国学徒制资格不能体现雇主需求的问题,英国于2017年4月成立了雇主主导的学徒制局,但该局的经费由公共财政提供。该局要通过学徒标准的标准制定、学徒标准和终点评估计划的审核及其修改来保障学徒制的总体质量。虽然一些机构不是新成立的,为使这些机构能够有质量地承担学徒制的相关任务,英国规定了这些机构的资格,如学徒制培训者资格与终点评估机构资格。通过资格认定,将以上机构纳入学徒制治理新体系内。

英国政府通过发布政策文件,规定学徒制治理体系内主要相关者各自的职责与联系,使这些机构能够在制度框架内既分工又合作,有序工作,为学徒制治理新体系的有效运转奠定制度基础。

6.1.4 实施税收和政府补贴等经费制度并发布相关收益信息,使企业明确参与原因

为激励企业参与学徒制,解除企业对学徒制培训成果丧失的担忧,英国政府依据共同投资原则实施了学徒制税制度,对大企业征收学徒制税,形成大企业参与学徒制的激励机制。

那些年工资超过300万英镑的雇主,要缴纳0.5%的学徒制税。为避免企业担心学徒流失的问题,政府为缴纳学徒制税的企业每年补贴1.5万英镑。针对纳税企业,政府在其纳税的基础上再增加10%的补贴。企业纳税和政府补贴的金额储存在学徒服务账户中,企业可用于购买学徒制培训或评估服务。那些不纳税的企业要承担培训或评估费用的10%,政府承担剩余的90%的费用。英国这种税收和经费拨款方式一方面表明,政府承担学徒制的绝大部分经费投入,另一方面表明,企业作为学徒制培训机构也要承担一定的投入责任。

为使企业能够作为学徒制的共同投资者,英国向包括企业在内的相关者通告了学徒制收益信息。正如英国政府在《英国学徒制:我们的2020愿景》中提

---

① Department for Education. Apprenticeship Accountability Statement [Z]. 2017: 4.

到的,学徒制能够为雇主带来"重要利益"。例如,70%的雇主说学徒制提高了产品或服务的质量,学徒制培训的成本在完成学徒制培训后的一年或两年内,通过所培训学徒的生产力的提高而弥补了。①

企业是经济单位,逐利是其本性。英国学徒制税及相关拨款制度的实施,使企业看到了参与学徒制获益的可能性,进而易于形成参与学徒制的动力。

6.1.5 通过资格准入和退出机制,保障学徒制相关机构的质量

英国颁布了一系列政策法规,对执行学徒制相关任务的机构的资格进行了规定,这些资格涉及学徒制标准开发者、学徒制培训提供者、学徒制终点评估者等。达到标准、获得资格的学徒制培训提供者和学徒制终点评估者,可以进入学徒制培训提供者名单和学徒制终点评估机构名单。这一准入制度的实施,给予了雇主一种质量保证,即"向雇主保障他们正在使用的学徒制培训者有实施高质量学徒制培训的能力"②,以及"向雇主提供一份能够就某一具体标准进行独立终点评估的机构名单"③。

学徒制培训提供者名单是一份"通过在线申请证明有提供学徒制培训能力的机构的名单"④,只有进入这一名单的机构才能提供学徒制培训。雇主可以通过这一名单选择学徒制培训机构,为企业提供学徒制培训。与此一致,进入学徒制终点评估机构名单的机构,应雇主需求,可以提供某一专业某一层次标准的学徒制终点评估。

英国还实施了学徒制执行者的退出机制。有关政策规定,如果进入名单的培训提供者存在如下问题,他们将会被从注册名单中剔除。例如这些机构"故意以牺牲学习者和公众利益为代价来获取经济利益"⑤;注册培训机构的任何负责人或任何其他能代表机构的、决定或控制机构的权力人员有如下犯罪事实:

---

① HM Government. English Apprenticeships: Our 2020 Vision [Z]. 2015: 3.
② Skills Funding Agency. Supporting quality and employer choice through a new Register of Apprenticeship Training Providers [Z]. 2016: 1-2.
③ Education and Skills Funding Agency. Register of end-point assessment organisations–pre-application guidance [Z]. 2019: 3.
④ Skills Funding Agency. E-tendering portal guidance Register of Apprenticeship Training Providers [Z]. 2017: 2.
⑤ Skills Funding Agency. Funding higher-risk organisations and subcontractors [Z]. 2017: 2.

"参与犯罪组织的阴谋、腐败、贿赂、欺诈、洗钱",以及"无力偿债或破产"①;存在"严重的职业不当行为,致使其诚信受到质疑",并"未能履行其支付社会保障或税款的义务";"与其他经济运营商签订了旨在扭曲竞争的协议""在向招标机构提供与潜在投标有关的任何信息时,存在严重的虚假陈述"②;"在过去两年内,以前的活动导致了教育与技能拨款局或政府资金的大量偿还";以及"来自颁证机构的信息,确定过去三年内授予资格的重大违规行为"③ 等。教育与技能拨款局明确提出,如果存在以上问题,教育与技能拨款局可以采取行动,将该机构"从培训机构登记名单或学徒培训提供商登记名单中删除"。④

终点评估机构必须达到一系列标准,具有"在相关监管机构的法律实体地位""标准所涵盖的职业领域的最新能力和经验""满足评估计划中规定的任何具体要求的能力""开发进行评估所需工具和材料的经验和专业知识""与所申请的标准评估计划相一致的进行终点评估的能力""终点评估所需的物质资源",以及"与终点评估有关的内部质量保证程序"等⑤。如果英国教育与技能拨款局有证据表明终点评估机构不再符合要求,会将这些机构"从登记簿中除名"。如果除名原因"根本无法纠正",这些机构"不能重新申请"。⑥

英国通过学徒制相关执行机构的准入和退出机制的实施,从源头去除了质量低劣的问题,保障了学徒制执行机构的基本能力。

6.1.6 委托-代理关系和治理网络的形成,使学徒制的实施更为有效

通过契约的使用,英国在学徒制相关者之间形成了广泛的委托-代理关系,使学徒制执行者明确谁有资格、谁对谁负责,以及需要承担的具体职责与任务

---

① Skills Funding Agency. Funding higher-risk organisations and subcontractors [Z]. 2017:7.
② Skills Funding Agency. Funding higher-risk organisations and subcontractors [Z]. 2017:8.
③ Skills Funding Agency. Funding higher-risk organisations and subcontractors [Z]. 2017:10.
④ Skills Funding Agency. Funding higher-risk organisations and subcontractors [Z]. 2017:13.
⑤ Education and Skills Funding Agency. Register of end-point assessment organisations-pre-application guidance [Z]. 2019:7.
⑥ Education and Skills Funding Agency. Register of end-point assessment organisations-pre-application guidance [Z]. 2019:24.

等内容。① 通过制度，规定英国学徒制相关者之间的具体职责，形成了政策网络、需求网络、供应网络、质量保障网络和综合支持网络，建立了学徒制的治理网络体系。这些网络依据不同的性质、内容，以及成员的不同数量而采取了不同的治理形式。

英国学徒制的委托-代理关系涉及面广。在学徒制相关者之间任何有关联业务活动的机构之间都通过政策、法规和契约等方式，建立了委托-代理关系。如政府和非行政公共机构之间、非行政公共机构与学徒制培训提供者之间、学徒制培训者与雇主之间、雇主与学徒之间、学徒制培训者与终点评估机构之间等，都建立了委托-代理关系。通过这种关系，明确了各自的职责、任务，以及要负责的对象。英国还依据不同机构的性质和任务，使用不同性质的契约，使学徒制的委托-代理关系更契合实际。

英国学徒制治理体系内形成了不同的网络，网络成员包括不同性质的机构。通过制度设计，使以上机构"在学徒制各自的网络范围内互动、交流与合作"，进行"物质与非物质交换"。依据网络成员的规模、任务和能力要求，以及信任度等要素，选择包括领导组织治理形式、网络管理组织形式在内的治理形式，增进了学徒制治理的有效性。

6.1.7 实施"元治理"，兼顾了政府和市场的功能发挥

英国在学徒制改革发展的过程中，强调政府功能的发挥，通过政策、战略、规划等制度工具，对学徒制体系进行了总体设计，实现了自己"掌舵"、让其他机构进行"划船"的"元治理"。

英国政府对学徒制的"元治理"主要表现在学徒制内涵的界定、学徒制网络的建设、相关者职责的确定，以及激励机制的形成等方面。在与学徒制相关事务的市场失灵时，如学徒资格混乱和雇主参与积极性不高等问题，英国政府应用"元治理"工具，明确学徒资格发展的目标，设立专门机构负责学徒标准开发，实施学徒制税等。为了使学徒制能够满足雇主需求，利用学徒服务中心

---

① Skills Funding Agency. Funding higher-risk organisations and subcontractors [Z]. 2017：7.

提供的服务平台，雇主可以依据自己的需求选择培训提供者和终点评估机构，使学徒制培训能够对雇主需求的反应更为迅速。

一方面，英国学徒制在实施过程中注重市场功能的发挥，通过信息发布对接学徒制的需求与供应；另一方面，注重政府的干预，当学徒制资格市场出现失灵现象时，政府进行主动干预。

6.1.8 中英两国学徒制治理体系存在明显差别

我国现代学徒制、新型学徒制属于试点与推广阶段。与英国相比，我国学徒制在治理机构、相关者之间关系以及治理工具方面都有明显差别。英国学徒制治理新体系的一些具体内容，反映了治理理论的内容，很多方面值得我国借鉴。

在学徒制治理体系内，中英两国在治理主体、治理关系和治理工具方面，都存在较大的不同。中英两国都重视政府在学徒制治理中的功能，但我国的政府存在多头管理，导致政策出现不一致问题；英国重视非行政专业机构建设，存在大量与学徒制标准、学徒制评估和学徒制证书颁发等相关的机构，我国在这些方面却存在功能和机构缺失，导致试点过程中缺乏专业咨询服务的问题。在治理关系方面，英国学徒制治理新体系内通过制度、规则等工具，形成了可以相互沟通、交流、资源互换的治理网络，我国现有与学徒制相关的机构之间缺乏联系，企业和院校或培训机构之间也存在关系不紧密问题。在治理工具方面，英国善于利用契约、政策、法规和战略，明确相关者之间的关系。我国尽管也鼓励签署企业、院校、学徒三方协议或企业、院校、学徒和监护人四方协议，但这些协议缺乏约束性。

中英两国历史不同、社会制度不同、社会发展阶段不同，两国的学徒制治理体系必然不同。英国作为世界上第一个工业化国家，其在学徒制治理新体系构建中形成的很多经验，值得我们深入研究和借鉴。但英国学徒制治理体系也存在"威斯敏斯特"模式的印记，在学徒制改革发展的过程中，存在一些自上而下的和官僚主义的做法，并对学徒制的发展带来了负面影响，也值得我国关注。

6.2 启示

进入 21 世纪以来,英国学徒制的快速发展与英国学徒制治理新体系的建立密切相关。我国重视学徒制的试点与推广工作,但也面临着一系列问题。英国学徒制治理新体系的建立及反映出来的治理经验,对于解决我国学徒制试点和推广问题具有诸多启示。

6.2.1 政府是"掌舵"而不是"划桨",避免学徒制治理的缺位与越位问题

英国政府在学徒制改革发展的过程中,利用政策手段,规范学徒制的内涵,发布学徒制的目标,建立重要的学徒制机构,明确相关机构在学徒制中的职责任务;利用经济手段,实施学徒制税制度和相应的经费拨款制度,形成激励雇主和学徒参与学徒制的激励机制;利用资源优势,建立学徒制服务平台,使学徒制供应对接需求;利用信息优势,发布学徒制利益信息,建立政府与社会关于学徒制发展的共识等。英国政府通过针对具体部门的文件,对执行学徒制具体任务的机构提出具体要求,执行机构在政府制定的政策框架内承担具体的任务。

政府在学徒制试点和推广方面的主要职责是宏观层面的制度设计、决策、形成激励机制,以及提供基本的条件保障,即承担学徒制的"掌舵"责任。执行机构在政府制定的政策框架内负责具体实施工作,即承担学徒制的"划桨"任务。政府和执行机构之间不能缺位、越位和错位。

6.2.2 一元与多元,学徒制相关者需从碎片化到治理网络

英国学徒制相关机构众多,包括政府、行业、企业、学徒制培训提供者、学徒制培训提供者的批准者、学徒培训终点评估者、职业教育标准开发者、职业教育标准质量保障者等。这些机构按照所承担的职责和任务,组成了学徒制

网络，并按照一定的规则进行交流、互动，交换资源，对学徒制进行网络治理，为实现学徒制的各自目标和公共目标而共同努力。

学徒制相关者众多，必须有多元机构参与。首先是参与者多元，包括政府、行业、企业、院校、专业服务机构等在内的多元组织都要承担相关的职责与任务；其次，多元的参与机构之间应该形成相互关联、互相依靠，可以进行资源交换，为实现参与者自己的目标与学徒制的共同目标而共同努力的治理网络。

6.2.3 从宏观倡导到可操作政策制定，为企业功能的发挥提供动力机制

为避免企业对投资损失的担忧，形成企业参与学徒制的经济动力，英国采取共同承担原则，实施了学徒制税制度。要求大企业按工资比例缴纳学徒制税，政府按比例配套；对中小企业，政府支付90%的培训和评估成本，企业只要出资10%。这种政策，一方面为英国学徒制改革提供了更多的经费；另一方面，形成了激励企业尤其是大企业参与学徒制的动力机制。

企业参与学徒制，需要有使企业体会到参与学徒制物有所值的具体政策作为保障。政府需要利用政策优势，实施以经费激励为主的具体可操作的制度，形成企业参与的动力机制。政府要设有支持学徒制执行的专项经费，并加大投入。政府还应利用价格杠杆，引导学徒、院校和企业按照国家需求选择或提供学徒制的具体内容。

6.2.4 准入、契约与评估，多手段保障学徒制治理的质量

英国政府利用政策优势，设计了一套比较完整的学徒制实施机构资格准入制度、学徒制实施过程质量监测制度，以及学徒制实施结果的评估制度，从全过程保障学徒制的质量。通过资格准入制度，保障了学徒制提供者、评估者、学徒标准开发者等执行机构的基本能力；通过契约，使学徒制相关机构之间明确自己的责任、权利与义务，明确需要负责的对象，建立了明确的委托-代理关系。英国还发布了企业、学徒和学徒培训提供者契约的内容框架，为学徒制实施机构提供指导。

学徒制治理质量的保障，需要以全要素全过程的质量保障为基础。全要素保障即学徒制执行的相关机构，包括执行学徒制相关任务的院校、企业、教师、师傅、学徒标准开发者和学徒制评估者等，都要有条件要求，要进行资格认定。全过程的质量保障是指对学徒制培训的初期、中期以及结果进行质量监控，及时纠正问题，以保证学徒培训总体目标的实现。

6.2.5 公开与互动，达成学徒制相关者发展的共识

英国通过委托第三方研究，将研究成果视为决策依据；通过征求社会多方意见，改进学徒制政策的内容；通过研究并公布学徒制的产出，以及给学徒、雇主和社会带来的利益和比较优势，为各方接纳学徒制奠定基础；通过取消学徒制框架，开发学徒标准，使学徒培训的内容体现雇主需求；通过设立高等和学位学徒制，使学徒制更具有吸引力。英国通过以上公开、互动的方式，使得学徒制的政府发展目标变成了相关各方的共识。

相关各方接受并积极参与学徒制，学徒制的实施必须给各方带来实际利益，要通过信息发布，让各方理解这种利益。学徒制相关政策的制定，应该让相关各方以多种形式参与，包括研究、咨询、意见反馈等，以增进对政策的认同感和归属感。

6.2.6 培育非行政专业力量，架设政府与实践者之间的桥梁

英国学徒制体系内有大量的非行政公共机构，他们承担学徒制相关的专业服务工作，包括学徒制培训提供者和终点评估机构的标准开发及审核，学徒制标准证书的颁发及质量监测，以及服务平台的建设等。这些机构是专业服务机构，还承担与专业相关的决策、建议的职责。为学徒制的顺利实施提供业务服务。

学徒制涉及的相关者众多，作为一种技术技能型人才的培育制度和培训模式，其内容复杂，专业性强，仅仅依靠政府一元难以有效推行学徒制的顺利实施，也难以保证学徒制实施的质量，有必要在政府和实践者之间建设一批专业机构，在反映政府意志的同时为学徒制实施提供专业服务。

第7章 借鉴英国经验建设中国特色现代学徒制治理体系

一个国家的制度与经验,基于一个国家的社会背景而产生。借鉴英国学徒制治理新体系的建设经验,需以问题为导向,基于我国社会制度,结合我国现有职业教育和学徒制试点的基础和经验,选择适合我国的可行的英国经验,构建具有中国特色的学徒制治理体系。

7.1 总体思路

7.1.1 借鉴英国经验

借鉴英国经验,要全面深入研究英国学徒制治理新体系构建的经验,既要了解成功的经验,也要了解失败的教训。不仅要通过文献了解英国的经验,而且还要通过调研了解经验的实质性内容。

在学徒制改革发展的过程中，英国形成了不少成功的学徒制治理新体系的经验，值得我国学习和借鉴。如政府在学徒制治理体系构建中发挥"元治理"的主体功能，通过制度、战略规划明确发展的方向与路径；通过经济杠杆的使用，形成参与的激励机制；通过服务平台建设，与社会分享有关信息，增加透明度并达成社会共识。学徒制相关机构之间，依据责任与任务，形成治理网络；不同网络依据不同的规模与性质采用不同的治理形式；网络成员之间相互依赖、互动，进行资源交换，对学徒制体系进行网络治理；学徒制执行机构之间通过契约形成明确的委托-代理关系，并实现代理人的资格制度等。英国在学徒制治理新体系构建中，也出现了一些失败的教训。如"5.3 英国学徒制治理体系构建中几个值得关注的问题"中介绍的内容，由于学徒制标准没有很好体现中小企业尤其是小企业的需求，同时没有经过深入研究就引进了高级学习者贷款制度，导致一时出现学徒数量大量下降的问题。

对英国经验的理解，既需要通过文献了解基本政策，也要通过调研对实际情况进行分析和验证。历史上，英国曾经鼓励发展行业技能委员会，但其中有一些委员会并不能真正反映行业的需求，且存在以盈利为目的的活动。为此，英国在构建学徒制新体系的过程中提出要弱化行业技能委员会的功能，转而注重企业作用的发挥。于是，英国设计并执行了开拓者项目，将雇主置于学徒制的"驾驶席"上。但这种政策的执行，并不是全面否定行业技能委员会在学徒制标准开发中的作用。在对英国行业指导委员会代表的访谈过程中发现，一些能力较强的行业技能委员会，如英国科学、工程和制造技术联盟，也参与了学徒标准开发。正如该组织CEO所介绍的，"英国科学、工程和制造技术联盟已被邀请与雇主密切合作，以确保所有相关人员获得最佳结果"[①]。具体内容见"附录5 对英国科学、工程和制造技术联盟CEO的访谈记录"。事实上，英国科学、工程和制造技术联盟"充分参与了航空航天、汽车、海洋和其他先进制造领域的开拓者项目"。但另外一些能力较弱的行业指导委员会，则被学徒标准开发项目拒之门外。

---

① 2017年9月21日，在伦敦SEMTA总部和Semta集团执行总裁Ann Watson的访谈。

7.1.2 基于中国国情

借鉴英国经验的同时需要基于我国国情，考虑英国经验的应用条件，选择在我国可行的、反映我国学徒制治理规律和方向的经验。借鉴英国经验，还需要结合我国现有职业教育和学徒制试点及推广的基础和经验，取长补短，以解决我国学徒制治理体系建设中存在的问题。

英国形成的学徒制治理新体系经验是基于英国社会、历史、文化和教育背景的，一些经验在我国不具备实施条件，我国缺乏植入土壤。如英国有建立大量提供公共服务的专门机构的做法。由于两党轮流执政和历史原因，英国通过包括公共服务契约在内的形式建立了一系列机构。如英国就业与技能委员会和学习与技能委员会等。英国在设立这些机构时，往往规定了机构设立的时间期限，并为这些机构提供了相应的经费。在这些机构运行一定时间后，政府对机构运行进行了评估。当使命完成或使命执行不理想时，英国政府会通过减少经费或中止合同的形式关闭机构。为此，英国学徒制相关机构的变化十分迅速。在我国学徒制试点和推行的过程中，一些任务没有专门机构承担，存在功能性缺位问题。但在我国，设立机构难度很大，涉及编制问题。我国的机构一旦设立，稳固性强，进行机构调整或者机构解散的难度也很大，且容易带来社会问题。为此，英国这种为了执行某一服务而专门设立机构的普遍性做法要在我国施行难度很大，对此类经验的借鉴需要谨慎。

我国在职业教育改革与发展的过程中，形成了很多好的经验与做法，在对我国现代学徒制治理体系进行改革时，需充分考虑我国现有的经验与基础，如建立行业指导委员会和集团化办学等。我国建立了56个行业指导委员会，它们"涉及的行业基本覆盖了国民经济行业分类中的所有门类"，并"覆盖了中高职95%的专业"。行业指导委员会在"行业人才需求预测""产教对话""标准体系建设"，以及"示范专业点建设"等方面，做出了不少努力[①]，为提高职业教育与劳动力市场需求的匹配度做出了积极贡献。截至2016年年底，"全国共有职

---

① 谢俐. 在2018年全国行业职业教育教学指导委员会工作研讨会上的讲话[Z]. 2018.

业教育集团 1 406 个",包括 35 945 个成员,分别来自行业、企业、中高职和本科院校、政府、研究机构等。职业教育集团发挥了资源共享优势,很多成员之间出现了校企教师互聘、校际教师互聘、校企联合培养学生、院校为企业培训员工等喜人事实。在发展过程中,形成了职业教育集团的比较优势,集团内职业教育院校"对口就业率明显高于非集团化办学院校。"为解决职业教育的协调性问题,我国建立了"国务院职业教育工作部际联席会议制度"。该制度由国务院领导同志牵头,其中的一项重要职责是"统筹协调全国职业教育工作,研究解决职业教育重大问题"。以上职业教育经验,为我国建设多元化办学、多元治理体系、发挥政府的"元治理"功能奠定了良好的基础。

7.1.3 建设中国特色现代学徒制治理体系

借鉴英国经验,旨在建设具有中国特色的现代学徒制治理体系。这种体系是基于我国国情的,是现代的治理体系。这种体系应该是多元参与的,这种参与通过"制度化和规范化",通过"法治"来"协调",并且是有"效率"的,能够实现"民主化",即"体现人民的意志和人民的主体地位"。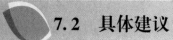为此,在建设中国特色现代学徒制治理体系的过程中,我国政府需要在"元治理"中发挥主体功能,为学徒制的实施营造良好的制度环境;要厘清学徒制治理体系内相关者之间的关系,形成学徒制治理网络;需要完善契约内容,形成有效的学徒制相关者之间的委托-代理关系。

7.2 具体建议

7.2.1 发挥政府"元治理"主体功能,为学徒制实施营造良好的制度环境

我国政府重视推行学徒制工作。但在推行过程中,存在缺位和越位问题。

---

① 俞可平. 国家治理体系的内涵本质 [J]. 理论导报, 2014 (4): 15-16.

有必要发挥我国政府在"元治理"中的主体功能,检查政府应该承担的职责,发现缺位和越位内容,在此基础上进行补位和撤位。

1. 以政策法规的形式明确学徒制的内涵与基本属性,厘清学徒制与一般性校企合作的区别

分析有关文件发现,虽然公布了三批现代学徒制试点单位,但教育部文件中没有提出现代学徒制的本质属性、具体表现和判断标准,没有提出学徒制培训结束后要达到的学徒标准,也没有提出明确的现代学徒制试点应该达到的具体标准。由于不明确学徒制与一般性的校企合作的区别,导致一些试点单位并不清楚试点的目标和内容。不少试点单位在试点评估时,提供了不少校企合作开发的课程,以及学生或学徒实习条例等内容,但并不理解这些课程和条例与学徒制的关系。

为此,本书建议:委托专业机构或专家团队对学徒制的本质和基本属性问题进行专门研究,在借鉴包括英国在内的国际经验的基础上,提出明确的学徒制本质属性及判断学徒制的标准,并以文件形式发布,以奠定学徒制试点或推行的政策基础。

2. 制定定期发布学徒制收益信息制度,使社会各界认识到学徒制的特别价值

以培养"学徒"为对象的学徒制,无论是前面冠以"现代"还是"新型",目前在我国的推行还面临社会认可问题。有些试点的自评材料表明,企业招聘高等职业院校毕业生并不在意学生是否来自学徒制试点班。试点启动时,学生不愿意当学徒,企业不愿意提供学徒培训,甚至有观点认为,推行学徒制是政府的倡议而不是企业和学徒的诉求。之所以出现这些问题,是因为很多问题在学徒制试点前和推行过程中没有得到很好的关注与回答。如接受学徒制培训的学生与没有接受的学生在能力培养、未来发展和经济收益等方面相比到底有什么特别优势?提供学徒培训的企业在更优秀员工的获得、生产率的提升,以及在经济的直接和间接收益等方面有什么收益?……

为此,本书建议:制定学徒制收益的研究和信息发布制度,定期发布学徒

制实施对于学徒、雇主和社会的意义。可以借鉴英国的研究方法,将定性与定量研究相结合,以具体的数据与真实的案例,展示学徒制对于个人、企业和社会的体现在经济收益和发展方面的特殊价值,增进学徒制相关各方对学徒制推行的认同感。

3. 在现有政策基础上,形成激励企业参与学徒制的可操作的有效制度

在学徒制试点过程中,广泛存在企业参与不积极的问题。其中一个重要原因是企业的投入无法得到合理回报,利益无法得到保障。

我国政府认识到学徒制实施关系国家技术技能型人才培养和国家发展战略的实现,发布了大量激励行业、企业参与职业教育和学徒制的政策性文件。例如,2017年12月发布的《国务院办公厅关于深化产教融合的若干意见》,以及2018年2月教育部、国家发展和改革委员会等六部委发布的《职业学校校企合作促进办法》。《国务院办公厅关于深化产教融合的若干意见》要求"深化产教融合,促进教育链、人才链与产业链、创新链有机衔接",提出了深化产教融合的"指导思想""原则和目标""强化企业重要主体作用",以及"完善政策支持体系"等具体意见,为贯彻落实这一意见提出了重点任务分工。《国务院办公厅关于深化产教融合的若干意见》进一步明确了深化产教融合更多的要求与方向,还需要相关部门落实其具体内容。《职业学校校企合作促进办法》中的"促进措施"共15条内容,包括9个"鼓励"和18个"应当",约束性不强。很多措施缺乏具体内容,操作困难。如《职业学校校企合作促进办法》第十八条提出"鼓励职业学校与企业合作开展学徒制培养",但如何鼓励,缺乏具体意见;第二十条,"鼓励金融机构依法依规审慎授信管理,为校企合作提供相关信贷和融资支持"。但如何鼓励,"依法依规"是依据什么法?依据什么规定?也没有说明;第二十二条,"县级以上地方人民政府对校企合作成效显著的企业,可以按规定给予相应的优惠政策"[①],此处的"规定"和"优惠政策"分别指的什么内容,也没有说明。

---

① 中华人民共和国教育部,中华人民共和国国家发展和改革委员会,中华人民共和国工业和信息化部,等. 教育部等六部门关于印发《职业学校校企合作促进办法》的通知 [Z]. 2018.

为此，本书建议：深入研究现有国务院、教育部以及相关部门出台的鼓励校企合作和职业教育校企合作的政策文件，以需要解决的主要问题为线索，依托专业机构和专家队伍开展跨学科研究，细化"促进措施"条款内容，提出鼓励企业参与学徒制的具体可操作政策，尤其是税收和金融等方面的具体政策。制定政策的过程要包括试点阶段，依据试点结果调整激励政策的强度，以保证制度的有效性。要改变我国目前职业教育经费拨款标准单一的现状，细化不同专业类别不同层次教育的拨款标准。通过价格杠杆的使用，鼓励企业参与学徒培训并选择国家需要的专业类别和层级。

4. 开发高等和学位学徒制，为学徒提供发展通道

我国学徒制目前对学生的吸引力还不强，其原因有很多，包括传统观念影响，认为学徒层次低、地位低下，认为学徒制缺乏继续发展的路径和通道。

高等和学位学徒制的开发，既是企业的发展需求，也是学徒发展的需求。英国的高等和学位学徒制自出现以来，受到广泛欢迎，选择高等和学位学徒层级的人数快速增长。英国学徒制局批准了数百个高等和学位学徒标准，越来越多的大学也成为这些层级的学徒制的提供者。在现代社会中，学徒制针对的是技术性岗位，不仅传统手工艺岗位需要，先进技术岗位也需要。事实上，英国学徒制培训针对的领域既包括理发和水暖，也包括数字技术和工程制造。一些高级技术岗位所需要的员工，要能够应用先进技术，需要广泛的综合性知识，更高的解决问题的能力，具有创新能力，并且还要能够与人积极沟通，具有指导其他员工的能力等。这种人才属于技术技能型人才，起点要求高，需要4~5年时间的培养。

我国正处于产业结构调整和产业升级过程，利用先进技术改造传统产业，大力发展先进制造业，对技术技能型人才的需求也越来越高。因此，建议我国也发展高等和学位学徒制，以满足企业和学徒发展的需求。

5. 建设学徒制服务体系，为学徒制的实施提供专业和信息支撑

学徒制的实施涉及双身份、双场所、双证书、双教师，关系复杂，需要有足够的智力支持。学徒制涉及需求与供应的对接问题，需要有数据充足、可以进行供需分析的完善的信息系统,但至今我国还没有形成学徒制的智力支持体系和信息系统。

目前,我国试点企业没有发布学徒培训岗位的经常性渠道,企业也无法获得需求专业的比较完整的院校信息。虽然有关文件要求教育部门、人力资源和社会保障部门及其他有关部门"建立产教融合信息服务平台"①,但目前这一工作还没有落实,很多试点单位都面临缺乏专业支撑的问题。学徒制标准与职业院校的非学徒制标准有什么区别?学徒制的教学安排应关注哪些方面?对学徒的管理与对非学徒职业教育学生的管理如何表现出差异性?学徒的权益如何保障?如何判断试点结果的好坏?……一系列试点问题难以找到可以提供咨询的专业部门。尽管我国在学徒制试点过程中也注重智力投入,但这种投入还很不足。例如建立了学徒制专业委员会和学徒制专家库,但专业委员会委员和专家库成员均为兼职,没有专门的经费支持。由于是非专业的零时性工作,专业委员会委员和专家库成员难以集中精力持续性地承担相关学徒制咨询服务工作。

英国有大量为学徒制实施提供专业服务的非行政专业机构:有认定学徒制培训者的机构,有负责学徒制标准开发的机构,有负责学徒制终点评估的机构,有负责颁发学徒资格证书的机构,有质量监测机构,教育与技能拨款局还设有专门负责学徒制服务的部门。这些机构和部门由公共财政支持,所提供的专业服务基本覆盖学徒制的活动内容,为学徒制有质量的实施提供了智力保障。

为此,本书建议,需要系统梳理学徒制实施所需的专业支持,发现专业支持的空白点和薄弱环节;在现有职业教育实体机构设立学徒制服务专门办公室,以承担学徒制实施的重大任务;通过项目或协议方式,培育能够弥补以上空白点和薄弱环节的专门服务学徒制的机构或专家团队;利用我国现有职业教育专业机构以及职业教育行业指导委员会等组织,通过项目专项经费,培养不同专业机构的特色服务,如理论支持服务、学徒制标准开发、协议签署、方案设计、质量保障等;建立学徒制服务平台,及时发布学徒制供需信息、学徒制内容指

---

① 中华人民共和国教育部,中华人民共和国国家发展和改革委员会,中华人民共和国工业和信息化部,等.教育部等六部门关于印发《职业学校校企合作促进办法》的通知[Z]. 2018.

南和材料解读，以及解答学徒制疑难问题等内容。

7.2.2 厘清相关者之间的关系，形成学徒制治理网络

在学徒制试点过程中，我国一方面存在机构缺失问题，没有实现学徒制治理的多元参与；另一方面存在参与机构碎片化问题，没有形成网络治理的格局。

我国教育部、人力资源和社会保障部、国家发展和改革委员会在有关试点文件中提出了政府、行业、企业、院校和社会参与学徒制试点工作，并对这些参与者在学徒制中的职责进行了说明。文件中所提到的机构不多，对于需要给予支持的"社会"没有提出明确内容。学徒制实施的一些基本要求，如学徒标准开发、学徒制评估等没有明确的承担机构。我国学徒制相关者之间联系不紧密，存在碎片化问题。在国家层面，我国教育部、人力资源和社会保障部、国家发展和改革委员会重视学徒制及相关试点工作，各自发布了试点工作方案并开展了试点工作。但这些机构之间统筹协调不够，各自为政，导致这些试点方案对学徒制试点的诸多内容有不同的规定，不仅试点条件不同，甚至所用词汇也不同。

学徒制试点的目的之一是解决企业参与的机制问题，实现"产教融合"。但试点的事实表明，企业"冷"、学校"热"的现状依然普遍存在。学校和企业之间缺少联系纽带，互动少，没有建立一种相互依赖的关系。这些问题表明，我国学徒制还没有形成多元治理的局面。

为此，本书建议如下。

（1）制定明确学徒制相关各方职责的制度，使学徒制相关各方在学徒制体系内相互依赖，又各司其职，能够通过参与学徒制实现各自的目标和公共目标。为此，需要发挥我国国务院职业教育工作部际联席会议制度[①]的职能，以国务院名义发布文件，提出学徒制发展的目标，明确不同部委、企业、行业、院校，以及专业机构等不同部门在学徒制试点和实施中应该承担的各自责任，在学徒制框架内承担既相互联系又各有侧重的职责。

---

① 国务院. 国务院关于同意建立国务院职业教育工作部际联席会议制度的批复［Z］. 2018.

（2）培育或挖掘学徒制相关者资源，使相关者之间可以进行沟通、交流和交换。尤其要提升作为学徒制提供者之一的职业教育院校或培训机构的教育和培训质量，使企业可以通过参与学徒制而获得企业需要的人力资源、技术资源和政策资源，为校企合作、共同培育学徒提供前提条件。

（3）培育包括政策、供应、需求、质量保障和专业服务的学徒制网络，依据不同的规模和任务等内容采用不同的治理形式，使不同相关者作为网络成员，有效参与学徒制网络治理。我国尤其要注重建立质量保障和专业服务等学徒制治理网络，培育相关机构，通过服务与学徒制试点相关机构之间形成互动与交流态势。政策网络需有明确负责学徒制政策制定的机构，同时充分发挥专业机构的决策咨询职能。

7.2.3 完善契约内容，形成有效的委托-代理关系

我国学徒制在试点与推行的工作中，使用的契约约束力不强，缺乏代理人资格制度，有关机构之间没有形成比较完善的委托-代理关系。

我国学徒制协议使用范围狭窄并缺乏具体内容要求，协议的使用仅局限在企业、学校、学徒（或监护人）之间，对协议的要求不具体。多个有关校企合作的政策性文件提出要签署协议以明确"合作的目标任务、内容形式、权利义务等必要事项"，要根据合作内容确定"协议履行期限"。[①] 对于现代学徒制试点，试点方案提出要签署三方协议或四方协议，以"明确各方权益及学徒在岗培养的具体岗位、教学内容、权益保障等。"[②] 虽然有签署协议的要求，但总体说来，文件所提出的协议内容过于简单，且缺乏解析说明，难以较好地指导实践工作；协议内容没有与经费等相关联，也没有明确没有遵守协议内容的后果，约束力不强。虽然政府通过通知、任务书和试点方案等方式，委托了试点机构建立试点，但政府只是提出试点的相关内容，没有提出试点要达到的具体目标或标准，也没有提出具体的试点可获得的支持条件，导致试点机构目标不明、

---

① 中华人民共和国教育部，中华人民共和国国家发展和改革委员会，中华人民共和国工业和信息化部，等. 教育部等六部门关于印发《职业学校校企合作促进办法》的通知 [Z]. 2018.
② 教育部职业教育与成人教育司. 现代学徒制试点工作实施方案 [Z]. 2015.

权责不清。除极少数职业外，签订学徒制协议是英国完成学徒制的必要条件，否则不能颁发学徒制资格证书。英国这一协议对提供学徒培训的雇主的责任要求得非常具体，如雇佣学徒的时长，每周至少雇佣学徒的时间，学徒离岗学习的时间，为学徒提供必要的设备等。① 协议的签署与完成同经费挂钩。只有签署了学徒制协议，顺利完成了学徒培训的内容，雇主和学徒制培训者才能获得政府的经费支持。在学徒制体系内，委托-代理关系十分广泛，通过协议，英国建立了不同相关者之间的委托-代理关系，包括政府与非行政专业部门、学徒制提供者与企业、企业与评估机构等。

在学徒制试点过程中，代理人承担的任务及委托人委托的任务结果如何，我国没有建立社会监督机制，相关信息没有对社会公开。2017年，教育部对第一批现代学徒制试点工作进行了检查。这次检查按照"单位自检、省级检查、部级抽检"的程序执行，由教育部职业教育与成人教育司组织专家对第一批试点提交的自检报告进行核查。尽管公开了试点单位的自查报告，评估专家形成的年度检查报告也上传至"现代学徒制试点工作管理平台"，但并没有对外公开。②

为此，本书建议借鉴英国学徒制经验，依据学徒制的执行过程及涉及的机构，形成一套完整的资格准入标准，包括执行者标准、评估者标准、标准开发者标准等；通过完全契约与不完全契约的使用，明确包括政府、专业机构、学徒制培训提供者、评估者等在内的学徒制相关各方的委托-代理关系；开发学徒制协议内容框架，提出基本的内容要求，强化协议的有效性，以进一步指导与促进学徒制的试点和推广工作。

基于以上内容，本书提出的借鉴英国经验，构建中国特色现代学徒制治理体系的具体内容如图7-1所示。

---

① 刘育锋，Doel M. 英国学徒制委托-代理关系研究[J]. 中国职业技术教育，2017（30）：30.
② 中华人民共和国教育部. 教育部办公厅关于公布第二批现代学徒制试点和第一批试点年度检查结果的通知[Z]. 2017.

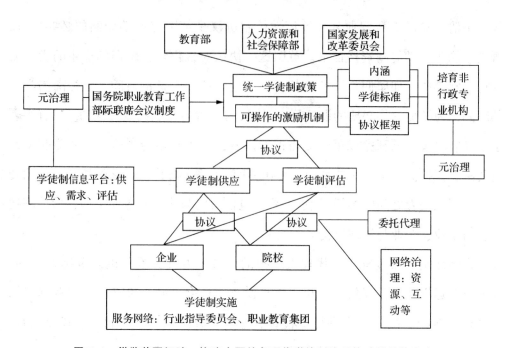

图 7-1 借鉴英国经验,构建中国特色现代学徒制治理体系的具体内容

结 语

学徒制是国际社会促进青年就业与发展的一种成功模式，我国力推学徒制试点，但是也面临着一些问题与挑战。我国需要基于本国国情，借鉴包括英国在内的国际相关经验。

进入21世纪后，英国对学徒制进行了改革（附录6），形成了学徒制治理新体系。在这一体系内，政府在"元治理"中发挥了主导功能，设立了学徒制局，实施了学徒制税，规定了学徒标准开发的目标与要求，明确了不同相关者之间的关系；依据职责与任务，学徒制相关者形成了包括政策、需求、供应、服务，以及质量保障等元素在内的治理网络，利用网络的不同性质，采用了不同的治理模式；利用资格准入、契约等制度和工具，在政府、学徒制培训提供者和评估者，以及非行政公共机构和相关专业机构之间形成了内容明确的委托-代理关系。为使学徒制满足需求，英国将雇主置于学徒制的"驾驶席"上，开发雇主需求的学徒制标准，注重发展高等和学位学徒制，为学徒提供发展通道。英国注重学徒制给学徒、雇主和社会代理的利益的研究，通过学徒制利益信息的发布，通过向社会征求有关政策的意见，通过学徒质量的提高，提高了相关各方对政府发展学徒制目标的认可度。

我国与英国国情不同，要基于我国国情和现有职业教育及学徒制试点的相关基础，借鉴可行的英国学徒制治理体系建设经验。利用国务院职业教育工作部际联席会议制度，统筹各部委学徒制及相关试点的政策，明确各自的职责与分工，明确学徒制的内涵及基本属性；利用政策优势，在现有政策框架内制定可操作的激励企业参与学徒制的激励政策；在现有职业教育专门机构和行业指导委员会的基础上，培育非行政专业力量，建设学徒制智力支撑体系；发挥政府服务功能，建设学徒制服务平台；体现需求导向，开发高端技术岗位需求的标准，提供学位学徒制，为学徒发展提供通道；利用信息优势，公布学徒制的特别价值，增进社会对学徒制发展的共识；提升学徒制培训质量，培育学徒制相关机构资源，使学徒制网络成员之间可以进行资源交换，为学徒制网络治理的实现奠定基础；明确学徒制实施相关者的职责、任务，通过契约建立广泛的委托-代理关系。

在学习借鉴英国学徒制治理新体系经验的过程中，也需要关注英国曾经出现的失误，深入研究分析问题发生的原因，以免步其后尘。

总之，形成多元参与，法规健全，相关者职责明确，成员之间能够积极互动和交换，能够满足学徒、企业和社会各方需求的中国特色现代学徒制治理体系，需要基于国情，借鉴包括英国在内的适合中国国情的国际经验。

附 录

附录1 咨询报告与政策性文本表

咨询报告与政策性文本表见附录1-1。

附录1-1 咨询报告与政策性文本表

时间	报告名称
2001年9月	《现代学徒制：工作方法》
2006年12月	《全球经济中为了所有人的繁荣——世界一流水平的技能》
2008年	《世界一流的学徒制：为所有人释放才能、开发技能》
2010年11月	《为可持续增长的技能》
2011年3月	《职业教育审查——沃尔夫报告》
2012年5月	《使中小企业更能进入学徒制》
2012年11月	《理查德学徒制审查》
2013年3月	《英格兰学徒制的未来：理查德审查的下一步》
2013年10月	《英格兰学徒制的未来：执行计划》
2015年	《固定基础：创建一个更繁荣的国家》
2015年10月	《英国学徒制：我们的2020愿景》
2016年1月	《学徒制：为未来的繁荣而开发技能》
2016年4月	《技术教育独立小组报告》
—	《学徒制小组最终报告：学徒制商务案例》
2017年1月	《公共部门机构学徒制目标——政府咨询的反馈》
2017年4月	《学徒制问责声明》
2017年9月	《学徒制局声明：有质量的学徒制》

附录2　学徒标准内容框架[①]

学徒标准应简短明确，不超过一张 A4 纸的两面。虽然在标准内容方面需要统一，但对于如何设置信息没有任何限制。

标题——学徒标准 ［插入职业名称］

1. 职业

（1）职业概况。这里应该说明它是一个独立的职业，不应该涉及其他职业的发展。简单描述在这个职业中完全胜任的人应该能够做什么——他们的主要职责和任务。

（2）列出用于描述本行业内这一职业的通用工作。如果您使用核心和选项的方法涵盖多个职业，则应在此处总结选项的范围。

2. 入学要求（仅在需要时）

为了避免造成进入障碍，不允许在标准中包含入学要求，除非这些要求是法定的或监管要求的（应包含在此处）。然而，一些开拓者选择了包括这个内容："虽然任何入学要求将是雇主的问题，通常希望学徒在入学方面已经达到 X，Y 和 Z。"

此外，如果有任何理由认为此学徒制不适合特定年龄组，请在此处说明。

3. 要求：知识、技能和行为

这是学徒标准的核心。您应该列出雇主要求的这一职业全部能力所需的知识、技能和行为。

当完成知识、技能和行为的部分时，您可能会发现如下内容会很有帮助，例如"本（职业）要求全面理解……"

您对所需知识、技能和行为的考虑应包括是否需要任何数字技能。

[①] Department for Education. Apprenticeships in England Guidance for Trailblazers-from standards to starts ［Z］. 2017：12-14.

4. 持续时间

您应说明学徒期的可能持续时间（例如"通常为 24 个月"或"通常为 18~24 个月"）。

在终点评估前，这必须至少是 12 个月。

您不应说明最长持续时间。

5. 资格

雇主需要自由决定他们的学徒如何发展全部能力，因为标准中的任何内容都是强制性的，我们不希望雇主受到资格的限制。

如果资格符合上述标准，且需要在标准中引用，则应说明资格的名称、类型和级别，但不应说明特定的供应商或颁证组织。

本部分还应说明终点评估前所需的英语和数学水平。这些可能是所有学徒的最低要求。

2 级学徒的标准措辞为："没有 1 级英语和数学的学徒需要达到这一层级，并在进行终点评估之前参加 2 级英语和数学考试"。

3 级及以上学徒的标准措辞为："没有 2 级英语和数学的学徒需要在进行终点评估之前达到这一水平"。

6. 链接到专业注册（仅包括存在专业注册的地方）

学徒标准必须与专业注册相关联（如果该职业的这一层级存在），这意味着当某人完成学徒期后，他们有证据证明自己达到了确保专业注册所需的能力水平。是否选择注册取决于个人。

在相关情况下，本节应规定学徒制标准旨在满足的专业注册以及负责维护专业注册的专业机构的名称。

7. 层级

说明学徒标准的建议层级（2 级以上）。

8. 审核日期

审核日期通常应为"3 年后"，除非有特殊原因需要提前审查（例如在技术或加工快速发展的情况下）。

附录3 学徒制协议模板

学徒制协议模板如下。

学徒制协议

学徒姓名：
学徒将要接受培训的技能、行业或职业：
相关学徒制标准/框架和层级：
工作场所（雇主）：

学徒开始日期（见注释3）：	学徒期结束日期（见注释3）：
实践期限开始日期（见注释4）：	实践期间的预计结束日期（见注释4）：
实践期限（见注释4）：	计划的离岗培训数量（小时）（见注释9和10）：

签字人：

学徒：	日期：
雇主：	日期：

本文件应附有承诺声明。承诺书包括学徒、雇主和培训提供者相互之间的期望。例如，它将指定学徒将接受的离岗培训。

注释:

1. 学徒制协议

学徒制协议是雇佣学徒的法定要求,与认可的学徒制度框架或认可的学徒制标准有关。它构成学徒和雇主之间的个人雇佣协议的一部分;它是服务合同(即雇佣合同),而不是学徒合同。如果符合1996年《就业权法》第1节的所有要求,则学徒制协议也可作为就业详情的书面声明。您无须使用此模板,但在订立学徒制协议时,必须满足下文出现的法规的要求。

2. 为什么要求学徒制协议

2009年的《学徒制、技能、儿童和学习法》提出了在以法定学徒制雇用学徒时,必须签订学徒协议的要求。与学徒制框架有关的学徒协议要求可在《2012年学徒制(学徒协议格式)条例》中找到。关于标准,相关要求可参见《学徒制、技能、儿童和学习法》第A1节(经2016年《企业法》修订)和2017年的《学徒制度(杂项规定)条例》。

3. 学徒协议必须到位的时间

当个人开始法定学徒计划时,必须制定学徒协议,并在整个学徒期内保持该协议的有效性。标准的结束日期是终点评估完成的日期。框架的结束日期是完成最终相关资格认证的日期。

4. 实践期

实践期是学徒根据经批准的英国学徒制协议工作和接受培训的期间。实践期间不包括终点评估。为了满足教育和技能资助机构的资助要求,实践期限的开始日期必须与承诺书、个人学习者记录和学徒服务账户(如适用)上的开始日期相同。

5. 在某些情况下,无须签订学徒制协议即可完成学徒训练

要开始法定学徒训练(当个人开始其学徒训练计划时),法律要求订立学徒训练协议。学徒可以在没有学徒制协议的情况下完成法定学徒制的两种情况是:①他们担任警察学徒或宗教组织的学徒牧师;②他们在学徒期不足6个月的情况下被解雇。

6. 谁需要签署学徒制协议？

雇主和学徒需要签署协议——这只是双方之间的协议。培训提供者签署一份单独的承诺声明，简述培训的计划内容和时间表，雇主、培训提供者与学徒期望和提供的内容，以及如何解决疑问或投诉。

7. 雇主如何处理签署的协议

在学徒期内，雇主必须遵守协议，并向学徒和培训提供者提供一份副本。

8. 学徒制协议中需要的信息

学徒制协议必须符合《学徒制、技能、儿童和学习法》规定的要求。

（1）对于框架，学徒制协议必须满足以下要求：

①根据《就业权利法》第1节的规定，向雇员提供详细的书面说明。

②受英格兰和威尔士法律管辖，以及指定与合格的学徒制度框架相关的协议。

（2）对于标准，学徒制协议必须满足以下要求：

①规定学徒为雇主工作，以获得学徒制局颁发的职业标准证书。

②让学徒接受培训，以帮助学徒达到协议规定的工作标准。

③明确学徒期的实际期限，以及指定学徒将接受的离岗培训的时间。

9. 指定离岗培训的时间

这是2017年的《学徒制度（杂项规定）条例》的要求。离岗培训是学徒制的一项关键要求，为了满足教育与技能拨款局对经费的规定，在学徒制的整个期间（直至标准要求）内，离岗培训的时间必须至少占学徒带薪时间的20%。离岗培训只能由学徒在正常工作时间接受。数学和英语（包括2级）学习不算在离岗培训的20%时间以内。离岗培训的金额应与主要提供者商定，提供者必须说明学徒在接受培训之前的相关知识，并根据需要减少离岗培训的内容和时间，以达到职业能力。所有学徒必须至少持续12个月，并保证至少20%的离岗培训时间。

10. 离岗培训的定义

非在职培训是指学徒在正常工作时间内为达到与学徒相关的标准或框架而接受的培训。学徒所接受的培训并不是为了使学徒能够完成与学徒协议有关的工作。

11. 学徒协议并不意味着对现有合同或条款和条件的变更

2018年1月15日［2017年《学徒制度（杂项规定）条例》生效之日］之前订立的任何学徒制均不受学徒协议中必须规定的附加要求的影响，2018年1月15日之后签订的与学徒标准相关的任何学徒制必须满足2017年条例的要求。

附录4 学徒制经费档次表[①]

学徒制经费档次表附表4-1。

附表4-1 学徒制经费档次表

经费档次	高限（英镑）
1	1 500
2	2 000
3	2 500
4	3 000
5	3 500
6	4 000
7	4 500
8	5 000
9	6 000
10	7 000
11	8 000
12	9 000
13	10 000

---

① Andrew Powell. Apprenticeships and skills policy in England, Briefing 4500Paper ［Z］. House of Commons Librarary, 2019：31.

续表

经费档次	高限（英镑）
14	11 000
15	12 000
16	13 000
17	14 000
18	15 000
19	16 000
20	17 000
21	18 000
22	19 000
23	20 000
24	21 000
25	22 000
26	23 000
27	24 000
28	25 000
29	26 000
30	27 000

（自2018年8月开始实施）

附录5　对英国科学、工程和制造技术联盟CEO的访谈记录

2017年9月21日（周四）下午，笔者对英国科学、工程和制造技术联盟（SEMTA，以下简称"技术联盟"）总裁Ann Watson女士进行了访谈。访谈地址在伦敦的1 Birdcage Walk，IMechE的Parsons房间。访谈围绕行业技能委员会的现状、历史演变，以及对现行英国学徒制的改革问题而展开，以下内容依据

访谈内容整理。

行业技能委员会在英国有很长的历史。20世纪60年代，一些行业协会是政府部门，后来成为国家培训机构。1975年，这些机构变成了行业技能委员会。与这一变化过程相一致，"技术联盟"曾经是工程师培训委员会，最后成为行业技能委员会。

1975年，英国建立了25个行业技能委员会，覆盖25个主要行业，"技术联盟"是其中一个。行业技能委员会获得政府经费，拨款依据是行业规模。为此，"技术联盟"所获经费比其他行业技能委员会更多，每年约有170万英镑。行业技能委员会与雇主合作以理解雇主需求，开发培训材料，为企业提供帮助。在发展进程中，行业技能委员会发展情况不一，一些行业技能委员会运行成功，另外一些则运作不佳。2010年，英国政府停止向行业技能委员会直接拨款，将竞争机制引入拨款制度，改为项目制运作。"技术联盟"由于其功能的良好发挥，每年可从政府处获得500万英镑的项目经费，这种状况直至2014年。

"技术联盟"是全国性机构，不实施会员制，服务对象为全英的整个行业。"技术联盟"有100多位员工，其中50%是工程师。"技术联盟"的职责包括确定技能差距和工作角色，开展研究（工业4.0、数字化、自动化），为开发学徒标准提供帮助。为了了解雇主需求，"技术联盟"派工程师深入企业，与雇主沟通交流，了解其需求，并且"技术联盟"员工每隔一定时间都有会议，沟通交流企业需求，以实现服务的需求导向。

"技术联盟"的经费自筹，其经费来源主要包括存款利息和服务收费两个方面。"技术联盟"有自己的存款，其利息中的60%用来提供为行业服务，剩下的40%用于投资。

"技术联盟"具有自己的治理委员会。"技术联盟"的方向、战略、业务计划和预算等都由治理委员会决定。治理委员会成员没有报酬，他们每三个月开一次会议。

"技术联盟"与一些学徒制的相关机构建立了密切联系。Watson女士既是学徒制局相关者小组成员，还是行业技能和标准联盟（FISSS）委员会委员。行业技能和标准联盟帮助行业技能委员会工作，以促进行业技能委员会可持续发展。

但"技术联盟"只是社会的一个组织，仅仅依靠自身的力量难以使政策发生变化。

英国的学徒制改革，政府希望能直接与雇主合作。政府认为新政有效，但雇主却有不同看法。在机械行业，雇主希望与"技术联盟"合作，而不希望直接与政府合作，因为雇主认为与政府合作"太复杂"。很多学徒标准依然由行业技能委员会开发，包括工程、建筑、服务、数字等在内的专业，行业技能委员会都深度参与了学徒标准开发；"技术联盟"则主持学徒制局的制造业小组工作。

英国学徒制改革的一个重要方面是实施学徒制终点评估，而没有对过程的持续性评估。终点评估只测试结果，即测试学徒学到了什么，但工程类雇主希望有持续性评估。

近年来，"技术联盟"更重视国际合作与交流工作。目前，"技术联盟"已经与一些国家和地区有合作，如中东地区、中国、加勒比地区和马来西亚等。

英国学徒制改革带来了一些挑战。国家政策变化大，雇主对新体系不了解等问题，对学徒制的实施带来了负面影响。如2017年实施的学徒制税，有不少雇主不知道如何花学徒制税，导致学徒人数下降。国家政策变化还表现在国家层面没有政府机构负责"技术联盟"的有关事务。英国就业与技能委员会在以前负责行业技能委员会，但英国就业与技能委员会于2016年年底关闭了。行业技能委员会有资格证书，这一证书没有时间限制。

附录6 英国学徒制改革四大举措

近年来，英国政府采取大力促进学徒制改革发展的政策，包括成立学徒制局、实施学徒制税、设置高等和学位学徒制以及执行开发学徒制标准的"开拓者"项目等，形成了政府主导、雇主主体、院校配合、相关各方支持的学徒制治理新体系，为实现2020年学徒数达到300万（约为全英人口的5%）的发展目标奠定了良好的基础。

一、成立学徒制局

2017年4月英国成立了学徒制局（Institute for Apprenticeships）。由于职责扩大，2018年4月起学徒制局更名为学徒制和技术教育局（Institute for Apprenticeships and Technical Education），这一机构是雇主主导的非政府公共机构，目前有终身雇员146位。学徒制局的建立是英国学徒制改革的重要举措，对保证英国学徒制质量，使学徒制满足雇主需求具有里程碑意义。

在学徒制方面，学徒制局负责学徒制总体质量，包括：标准开发、检查和批准，终点评估质量的保障，就每个学徒标准向教育部提供资助级别的建议，监督所有外部质量保障供应商的质量，以确保质量、一致性和可信度。

英国学徒制局设立了15个专业小组，包括农业、环境和动物保护，商务和行政管理，建筑，创意与设计，数字，工程与制造以及交通与物流等的专业小组。专业小组成员均为各专业的杰出代表，是其所代表行业的专家。他们具有某一特定职业领域的应用性的高水平专业知识，具有丰富的工作经验，并能够把握所在行业未来技能的需求。同时，这些专家在各自组织内取得过重大成就，他们通常是主管级或更高级别的专家，有良好的专业信誉以及对职业发展有不错的战略眼光。专业小组负责审议"开拓者小组"提交的学徒制标准和评估计划，确保学徒制标准质量，使学徒制标准满足雇主、学徒以及经济发展的需要。

尽管学徒制局是雇主主导的机构，但英国教育部通过发布"学徒制局战略指南"等政策性文件来规定学徒制局工作的重点内容，以体现政府在学徒制实施过程中的"掌舵"功能。

二、实施"学徒制税"

为激励企业参与学徒制，英国政府对大企业采取了学徒制税制度。依据成本分担原则，对不同规模的企业采取了不同的经费分担政策。

英国政府认识到，要实现2020年新学徒达到300万的目标必须有经费保障，以"扭转雇主在培训方面投资不足"的问题。为此，利用对经济资源的控制权或强制权，于2015年夏季宣布引入学徒制税制度，这一制度于2017年4月6日正式生效。

学徒制税是指那些年度工资总额超过300万英镑的雇主（英国约2%的企

业）缴纳的用于学徒制培训和评估的税种，税率为须缴学徒制税企业年度工资总额的0.5%，学徒制税按月缴纳。即每个符合条件的大雇主每年至少要缴纳1.5万英镑的学徒制税。缴纳这一税种的雇主可以获得学徒服务账户（apprenticeship service account），每月能够获得政府提供的1250英镑的补贴以及政府10%的配套经费。纳税企业可以使用税收资金及配套经费选择学徒培训提供者提供的培训和学徒终点评估机构的评估，但不能用于学徒制的其他方面的支出，如学徒工资。

政府预计，由于学徒制税的推行，英国政府"2020年学徒培训投资将在2010年的水平上翻一番，达到每年25亿英镑"。事实上，英格兰在2017/2018年度，学徒制税征集了27亿英镑；在2018年4月至2018年11月期间，又征集了18亿英镑。英国教育部估算，在2017~2018年间，约有1.9万名雇主缴纳了学徒制税款，占所有雇主的1.3%。这意味着，支付税款的雇主每年平均向他们的征税账户缴纳了约14万英镑。英国财政研究所在关于学徒资金改革的报告中计算出，60%的雇员为学徒制纳税雇主工作。自2017年4月征收以来至2018年9月30日，政府代表雇主从其学徒服务账户向学徒培训机构支付了3.7亿英镑。

三、设置学位学徒制

为扩大学徒获得专门化职业的机会并"帮助雇主获得最高层面所需技能以提高其业务的生产力"，进而支持企业获得"国际竞争所需的更高水平技术技能"，在中级（2级）、高级（3级）学徒制基础上，英国于2006年引入了高等学徒制中的4级和5级，2015年3月启动了高等学徒制中的学位学徒制，即6级学士学徒制和7级硕士学徒制。

首批推出的9项新的行业设计的学位学徒制，包括特许测量、电子系统工程、航空航天工程、航空软件开发、国防系统工程、实验室科学、核、电力系统和公共关系。英国政府清楚地知道，学位学徒制的成功"取决于雇主和大学的合作"。雇主需要牵头开发学徒制标准。为支持这一工作，英国政府提供了800万英镑的发展基金，以"帮助大学和合作伙伴根据雇主的需求收集情报，并迅速制定相关条款"。学徒们将在大学和工作场所学习，不需要支付学费却能够获得报酬。与其他层级的学徒相同，学位学徒制的费用由政府和雇主共同承担。

目前，英国有包括伦敦城市大学、考文垂大学、开放大学、巴斯大学、伯明翰大学、博尔顿大学在内的87所大学，以及包括空客、富士通、BBC和劳斯莱斯等在内的68个企业提供高等和学位学徒制。

高级和高等学徒制得到企业和学徒的欢迎，高级和高等学徒数量快速上升。高级水平（3级）学徒数量在2013/2014年度占学徒总数的33%，2016/2017年度达到40%，到2017/2018年度达到了44%。高等学徒（4~7级）从2013/2014年度仅占2%，发展到2016/2017年度达到7%，在2017/2018年度则达到了13%。

四、执行学徒制"开拓者"项目

英国在资格制度形成过程中，曾经出现过所开发的资格数量多，内容重复，学习者难以选择，不能很好反映雇主要求等问题。为全面体现雇主主导学徒标准开发，于2013年10月起分阶段执行了学徒制"开拓者"项目。

与以往做法不同，该项目由雇主，而不是行业或其他中介机构，直接负责学徒标准的开发，以满足雇主的要求。为实现构建雇主主导的学徒资格体系，英国政府采用标准、规定、策略等"元治理"工具。为规范开拓者指南项目，在2015年12月颁布的《英格兰学徒制未来：开拓者指南》中，对学徒标准开发提出了系列标准、规范、界定、流程等内容。如，在"申请开发学徒制标准"方面，该文件对申请标准、开发多层标准建议以及学位学徒制等内容进行了规定。如，雇主开发小组（即"开拓者"小组）的标准有七个，包括：第一，有大量的雇主，至少有10位（除了任何专业机构、行业协会等）积极参与学徒标准开发的雇主。第二，这些雇主能够反映那些雇佣了该职业人员的雇主的要求，包括不同规模和行业。为此，小组中至少包括2位小企业主（雇员少于50人的雇主）。第三，小组中的一位成员要被选为主席，作为主席的人选不能来自行业机构或其他的机构。第四，所邀请的其他支持这一开发过程的参与机构，如行业部门、专业机构或培训提供者等，是支持这一雇主领导的标准开发过程的机构，但他们不是领导者等。针对资格重复和质量不高问题，该文件规定了希望开发的职业标准的标准。文件规定，希望开发的职业标准满足四个条件，分别为：①"提议的职业是独一无二的，而且其他小组或你自己的小组没有在开发相似的标准"；②所建议的标准内容与另一个正在开发的标准内容之间没有高度的潜在重叠性；③从事该职业的人员需要在终点评估前至少要有一年的时间接受严格和实质性的培训，以获得充分的能力，其中离岗培训至少占学徒培训时间的20%；④该标准的水平足够高，使成功达到标准的学徒能够形成可迁移技能，使他们能够在任何规模或相关行业中发挥作用。2015年有超过1 300位雇主参与了学徒制"开拓者"项目，开发了187个标准。2019年全英国有470多个开拓者小组，开发了400多个标准。

参考文献

[1] HM Government. English Apprenticeships: Our 2020 Vision [Z]. London: HM Government, 2015.

[2] Felix Rauner, Wolfgang Wittig. Differences in the Organisation of Apprenticeship in Europe: findings of a comparative evaluation study [J]. Research in Comparative and International Education, 2010, 5 (3): 237-250.

[3] Dina Kuhlee. Federalism and corporatism: On the approaches of policymaking and governance in the dual apprenticeship system in Germany and their functioning today [J]. Research in Comparative & International Education 2015, 10 (4): 476-492.

[4] Tina Freyburg. Transgovernmental Networks as an Apprenticeship in Democracy? Socialization into Democratic Governance through Cross-national Activities [J]. International Studies Quarterly, 2015 (59): 59-72.

[5] Felix Rauner, Erica Smith. Rediscovering Apprenticeship: Research Findings of the International Network on Innovative Apprenticeship [M]. Dordrecht: Springer Science+Business Media B. V, 2010.

[6] Ludger Deitmer, Ursel Hauschildt. The Architecture of Innovative Apprenticeship [M]. Berlin: Springer, 2013.

[7] Fuller. Reconceptualising Apprenticeship: exploring the relationship between work and learning [J]. Journal of Education and Tralning, 1998, 50 (2): 154.

[8] Gelderblom A, Koning J, Stronach J. The Role of Apprenticeship in Enhancing Employability and Job Creation: Final Report [R]. Rotterdam: Netherlands Economic Institute for the European Commission, 1997.

[9] Stephen Billett. Apprenticeship as a mode of learning and model of education [J]. Education +Training, 2016, 58 (6): 613-628.

[10] John Black, Nigar Hashimzade, Gareth Myles. A Dictionary of Economics [M]. 3th ed. London: Oxford University Press, 2009.

[11] Fuller A. Apprenticeship as an evolving model of learning [J]. Journal of Vocational Education & Training, 2011, 63 (3): 261.

[12] CEDEFOP. Terminology of European education and training policy [M]. 2th ed. luxembourg: Publications office of the european union, 2014.

[13] Ryan P, Unwin L. Apprenticeship in the British Training Market [J]. National Institute Economic Review, 2001: 100.

[14] Susan Wallace. A Dictionary of Education [M]. 1st ed. London: Oxford University Press, 2009.

[15] Gerry Stoker. Governance as theory: Five propositions [J]. International SocialScience Journal, 1998, 50 (1): 17.

[16] R A W Rhodes. The New Governance: Governing without Government [J]. Political Studies, 1996: 652.

[17] Lynn L E, Heinrich C J, Hill C J. Studying Governance and Public Management: challenges and prospects [J]. Journal of Public Administration Research and Theory, 2000, 10 (2): 235.

[18] The Commission on Global Governance. Our Global Neighbourhood: the Report of the Commission on Global Governance [M]. New York: Oxford University Press, 1995.

[19] World Bank. Governance, The World Bank's Experience, Washington [Z]. DC: The World Bank, 1994.

[20] OECD. Participatory Development and Good Governance [Z]. Paris: OECD, 1995.

[21] UNDP. Governance for Sustainable Human Development [Z]. New York: UNDP, 1997.

[22] William W Boyer. Political Science and the 21ST Century: From Government to Government [J]. PS: Political Science and Politics, 1990, 23 (1): 51.

[23] Kooiman J, Van Vliet M. Governance and Public Management [M]. 2th ed. London: Sage, 1993.

[24] Prakash A, Hart J A. Globalization and Governance: an introduction [M]. London: Routledge. 1999.

[25] Laurence E. the many faces of governance: adaptation? Transformation? Both? Neither? [M]. London: The Oxford Handbook of Governance, 2012.

[26] James N Rosenau. Governance, Order, and Change in World Politics [M]. London: Cambridge University Press, 2009.

[27] Gerry Stoker. Governance as theory: Five propositions [J]. International Social Science Journal, 1998, 50 (1): 18.

[28] Antje Barabasch. Methodological and Theoretical Approaches to the Study of Governance and Policy Transfer in Vocational Education and Training [J]. Research in Comparative and International Education, 2010, 5 (3) 225.

[29] Dennis C Mueller. Public Choice II [M]. London: Cambridge University Press, 1989.

[30] Grand, Julinale. The Theory of Government Failure [J]. British Journal of Political Science, 1991 (4): 423-442.

[31] Michael C Jensen, William H Meckling. Theory of the Firm: Managerial Behavior, Agency Costs and Ownership Structure [J]. Journal of Financial Economics, 1976, 3 (4): 305-360.

[32] Kaplan. Top-executive rewards and firm performance: A comparison of Japan and the united states [J]. Journal of political Economics, 1994: 543.

[33] Eva Sørensen, Jacob Torfing. The Democratic Anchorage of Governance Networks [J]. Scandinavian Political Studies, 2005 (28): 196.

[34] Jacob Torfing. Governance Networks [M]. London: Oxford University Press, 2012.

[35] Martina Dal Molin, Cristina Masella. From Fragmentation to Comprehensiveness in Network Governance [J]. Public Organiz Rev, 2016 (16): 496-497.

[36] Mette Eilstrup-Sangiovanni. Global Governance Networks [M]. London: Oxford University Press, 2016.

[37] Candace Jones, William S Hesterly, Stephen P Borgatti. A General Theory of Network Governance: Exchange Conditions and Social Mechanisms [J]. The Academy of Management Review, 1997 (22): 914-916.

[38] R A W Rhodes. Understanding Governance: Ten Years On [J]. Organization Studies. 2007, 28 (08): 1246.

[39] Keith G Provan, Patrick Kenis. Modes of Network Governance: Structure, Management, and Effectiveness [J]. Journal of Public Administration Research and Theory. 2007: 234-235.

[40] Eva Sørensen, Jacob Torfing. Making Governance Networks Effective and Democratic Through Metagovernance [J]. Public Administration, 2009, 87 (2): 234-258.

[41] Eva Sørensen, Jacob Torfing. Theoretical Approaches to Metagovernance [M]. Basingstoke: Palgrave Macmillan, 2007: 172-173.

[42] Jessop. Capitalism and its future: remarks on regulation, government and governance [J]. Review of International Political Economy, 1997 (4).

[43] Bob Jessop. The rise of governance and the risks of failure: the case of economic development [J]. International Social Science Journal, 1998, 50 (155): 29-45.

[44] Eva Sørensen. Metagovernance The Changing Role of Politicians in Processes of Democratic Governance [J]. AmericanReview of Public Administration, 2006, 36 (1): 100-101.

[45] Mark Whitehead. In the Shadow of Hierarchy: Metagovernance. Policy Reform and Urban Regeneration in the West Midlands Area [J]. 2003, 35 (1): 7-8.

［46］James Mirza－Davies. Apprenticeships Policy, England prior to 2010［Z］. London: House of Commons Library. 2015.

［47］Andrew Powell. Apprenticeship Statistics: England［Z］. London: House of Commons Library, 2019.

［48］Stephen A Ross. The Economic Theory of Agency: The Principal's Problem［J］. The American Economic Review, 1973, 63 (2): 134.

［49］Michael C Jensen, William H Meckling. Theory of the Firm: Managerial Behavior, Agency Costs and Ownership Structure［J］. Journal of Financial Economics. 1976 (3): 308.

［50］Junki K. Networks, Network Governance, and Networked Networks［J］. International Review of Public Administration. 2006, 11 (1): 22.

［51］Göktug Morçöl, Aaron Wachhaus. Network and Complexity Theories: A Comparison and Prospects for a Synthesis［J］. Administrative Theory & Praxis, 2009, 31 (1): 45.

［52］William S Hesterly, Stephen P Bogatti. A General Theory of Network Governance: Exchange Conditions and Social Mechanisms［J］. The Academy of Management Review. 1997, 22 (4): 915.

［53］Frances J Milliken. Three Types of Perceived Uncertainty about the Environment: State, Effect, and Response Uncertainty［J］. The Academy of Management Review, 1987, 12 (1): 136.

［54］Mohamed Abdel－Wahab. Rethinking apprenticeship training in the British construction industry［J］. Journal of Vocational Education & Training, 2012, 64 (2): 149.

［55］Damian Oliver. Complexity in Vocational Education and Training Governance［J］. Research in Comparative and International Education. 2010, 5 (3): 266.

［56］Ann Hodgson, Ken Spours, David Smith. Future apprenticeships in England: the role of mediation in the new model［J］. Journal of Education and Work, 2017 (6): 657.

[57] 中华人民共和国教育部. 教育部关于开展现代学徒制试点工作的意见：教职成［2014］9号［EB/OL］.（2014-08-25）［2019-03-12］. http：//www.gov.cn/gongbao/content/2015/content_2806020.htm.

[58] 中华人民共和国教育部. 关于开展现代学徒制试点工作的通知：教职成司函［2015］2号［EB/OL］.（2015-01-05）［2019-03-17］. http：//www.moe.gov.cn/s78/A07/A07_gggs/A07_sjhj/201501/t20150113_182996.html.

[59] 中华人民共和国教育部. 关于成立现代学徒制工作专家指导委员会、设立专家库（2017—2020年）的通知：教职成司函［2017］71号［EB/OL］.（2017-07-20）［2019-04-2］. http：//www.moe.gov.cn/s78/A07/A07_gggs/A07_sjhj/201707/t20170725_310090.html.

[60] 中华人民共和国教育部. 教育部 发展改革委 工业和信息化部 财政部 人力资源和社会保障部 税务总局关于印发《职业学校校企合作促进办法》的通知：教职成［2018］1号［EB/OL］.（2018-2-05）［2019-03-11］. http：//www.gov.cn/gongbao/content/2018/content_5303440.htm.

[61] 中华人民共和国教育部.《高等职业教育创新发展行动计划（2015—2018年）》实施情况［EB/OL］.（2018-11-07）［2019-03-19］. http：//www.moe.gov.cn/jyb_xwfb/xw_fbh/moe_2069/xwfbh_2018n/xwfb_20181107/sfcl/201811/t20181107_353846.html.

[62] 中华人民共和国教育部. 教育部办公厅关于公布第二批现代学徒制试点和第一批试点年度检查结果的通知：教职成厅函［2017］35号［EB/OL］.（2017-08-25）［2019-05-12］. http：//www.moe.gov.cn/srcsite/A07/moe_737/s3876_cxfz/201709/t20170911_314178.html.

[63] 中华人民共和国人力资源和社会保障部. 人力资源和社会保障部办公厅、财政部办公厅关于开展企业新型学徒制试点工作的通知：人社厅发［2015］127号［EB/OL］.（2015-07-24）［2019-02-29］. http：//www.mohrss.gov.cn/gkml/xxgk_qt/201508/t20150803_216720.html.

[64] 中华人民共和国人力资源和社会保障部. 人力资源和社会保障部 财政部关

于全面推行企业新型学徒制的意见:人社部发〔2018〕66号[EB/OL].(2018-10-12)[2019-05-24]. http://www.mohrss.gov.cn/gkml/zcfg/gfxwj/201810/t20181024_303482.html?keywords=.

[65] 国家发展和改革委员会. 关于印发《老工业基地产业转型技术技能人才双元培育改革试点方案》的通知:发改振兴〔2015〕2103号[EB/OL].(2015-09-18)[2019-01-11]. https://www.ndrc.gov.cn/xxgk/zcfb/tz/201511/t20151118_963501.html.

[66] 国家发展和改革委员会. 关于公布首批老工业基地产业转型技术技能人才双元培育改革试点城市名单的通知:发改办振兴〔2016〕1171号[EB/OL].(2016-05-06)[2019-04-01]. https://www.ndrc.gov.cn/xxgk/zcfb/tz/201605/t20160516_963047.html.

[67] 刘育锋. 英国学徒制改革政策分析[J]. 中国职业技术教育,2017(18):13.

[68] 王辉,柳靖,王玉苗. 探索学徒制与高等职业教育相联系的美国经验与启示[J]. 外国教育研究,2017,44(4):90-102.

[69] 潘海生,王宁. 社会主体有效参与的爱尔兰现代学徒制的嬗变与启示[J]. 外国教育研究,2016,43(11):3-15.

[70] 多淑杰. 我国企业参与职业教育的制度困境与突破——兼论德国现代学徒制发展与启示[J]. 中国职业技术教育,2016(24):5-10.

[71] 贾旻. 行业协会参与现代职业教育治理研究[D]. 天津:天津大学,2016.

[72] 周柳. 基于利益相关者视角的现代学徒制研究[D]. 广州:广东技术师范学院,2016.

[73] 张建国. 论学徒制职业教育的制度意蕴[J]. 职业技术教育,2015,36(7):23-28.

[74] 吴学峰,徐国庆. 职业教育现代学徒制发展的路径选择——一个制度分析的视角[J]. 江苏高教,2017,(4):94-98.

[75] 关晶. 西方学徒制研究——兼论对我国职业教育的借鉴[D]. 上海:华东

师范大学，2010.

[76] 关晶，石伟平. 现代学徒制之"现代性"辨析 [J]. 教育研究，2014 (10)：97-102.

[77] 肖凤翔，贾旻. 行业协会参与现代职业教育治理的机理、困境和思路 [J]. 西南大学学报：社会科学版，2016，42 (4)：84-91.

[78] 陈靖. 英格兰现代学徒制研究——基于利益相关者视角 [D]. 杭州：杭州师范大学，2016.

[79] 赵志群，陈俊兰. 我国职业教育学徒制——历史、现状与展望 [J]. 中国职业技术教育，2013 (18)：9-13.

[80] 黄蘋，黄光芬. 瑞士现代学徒制中"囚徒困境"的解决方案及启示 [J]. 云南行政学院学报，2017 (3) 142-147.

[81] 潘海生，曹星星. 爱尔兰经验：后金融危机时期现代学徒制体系的变革 [J]. 职教论坛，2016 (11)：84-90.

[82] 多淑杰. 德国现代学徒制演变及形成的制度基础 [J]. 职业教育研究，2017 (2)：71-74.

[83] 和震. 建立现代职业教育治理体系推动产教融合制度创新 [J]. 中国职业技术教育，2014 (21)：138-142.

[84] 不列颠百科全书公司. 不列颠百科全书（第1卷）[M]. 北京：中国大百科全书出版社，1999.

[85] 刘育锋，Doel M. 英国学徒制委托-代理关系研究 [J]. 中国职业技术教育，2017 (30)：30.

[86] 刘育锋. 英国学徒制改革政策分析 [J]. 中国职业技术教育，2017 (18)：16.

[87] 刘育锋. 论学徒制的本质属性 [J]. 中国职业技术教育，2018 (36)：8-9.

[88] 皮埃尔·卡蓝默. 破碎的民主——试论治理的革命 [M]. 高凌瀚，译. 北京：三联书店，2005.

[89] 刘育锋. 英国学徒制治理新体系研究 [J]. 中国高教研究，2017

（10）：89.

[90] 丁志刚．如何理解国家治理与国家治理体系［J］．学术界，2014（2）：65-72.

[91] 陈人江．公共选择理论：新自由主义的国家观及其失败［J］．长江论坛，2016（6）．

[92] 简·哈代．激进经济学与马克思的经济学——凯恩斯主义和新自由主义批判［J］．王潇锐，译．国外理论动态，2017（9）：5.

[93] F·哈耶克．自由宪章［M］．杨玉生，等译．北京：中国社会科学出版社，1999.

[94] 柯武刚，史漫飞．制度经济学——社会秩序与公共政策（中译本）［M］．北京：商务印书馆，2000.

[95] 张育彪．评新自由主义思潮中的公共选择理论［J］．广东经济，2002（10）：34.

[96] 丹尼斯·缪勒．公共选择理论［M］．杨春学，等译．北京：中国社会科学出版社，1999.

[97] 布坎南．自由、市场与国家［M］．吴良健，等译．北京：经济学院出版社，1988.

[98] 布坎南，塔洛克．同意的计算［M］．陈光金，译．中国社会科学出版社，2000.

[99] 布坎南．宪政经济学［J］．经济学动态，1992（4）．

[100] 陈敏，杜才明．委托代理理论述评［J］．中国农业银行武汉培训学院学报，2006（6）：76.

[101] 何光辉，陈俊君，杨咸月．机制设计理论及其突破性应用［J］．经济学评论，2008（1）：149-154.

[102] 温思美，黄冠佳，李天成．现代契约理论的演进及其现实意义——2016年诺贝尔经济学奖评介［J］．产经评论，2016（6）：7.

[103] 李澄．元治理理论综述［J］．前沿，2013（21）：124.

[104] 鲍勃·杰索普．治理的兴起及其失败的风险：以经济发展为例的论述

[J]．国际社会科学杂志（中文版），1999（2）：45．

[105] 丁煌，李晓飞．逆向选择、利益博弈与政策执行阻滞［J］．北京航空航天大学学报：社会科学版，2010，23（1）：16．

[106] 谈超，王冀宁，孙本芝．P2P网络借贷平台中的逆向选择和道德风险研究［J］．金融经济学研究，2014，29（5）：104．

[107] 尼古拉斯·麦考罗．经济学与法律——从波斯纳到后现代主义［M］．朱慧，吴晓露，潘晓孙，译．北京：法律出版社，2005．

[108] 吴必康．变革与稳定英国经济政策的四次重大变革［J］．江海学刊，2014（1）：168．

[109] 宋雄伟．重新建构的"威斯敏斯特模型"——论新工党时期英国的国家治理模式［J］．社会科学家．2009（9）：34-37．

[110] 陈鹏．中国社会治理40年：回顾与前瞻［J］．北京师范大学学报：社会科学版，2018（6）：18-19．

[111] 俞可平．治理与善治［M］．北京：社会科学文献出版社，2000．

[112] 安东尼·吉登斯．第三条道路——社会民主主义的复兴［M］．北京：北京大学出版社，2000．

[113] 刘育锋．学徒制问责声明，英国学徒制治理新体系［N］．中国教育报，2017-12-18．

[114] 刘育锋．英国《16岁后技能计划》：背景、内容及启示［J］．中国职业技术教育，2017（7）：19-21．

[115] 刘育锋．英国职业教育与劳动力市场需求匹配的新机制［J］．中国职业技术教育，2010（11）：27-31．

致　谢

在完成本书稿的过程中，我得到了国内外诸多机构与专家们的支持，在此向他们表示衷心地感谢！

很高兴在工作多年后，我得到了国家留学基金委奖学金，在英国进行了以"英国学徒制治理新体系"为主题的为期一年的访学。在办理访学手续过程中，国家留学基金委员会秘书长刘京辉博士、力洪主任，教育部留学服务中心副主任车伟民和丁莉处长，以及英国大使馆文化教育委员会的王海燕女士给予了大力帮助。

在访学期间，英国伦敦大学学院教育学院（IOE of UCL）Martin Doel 教授作为联系人，定期与我进行交流与讨论，他还积极联系重要的英国学徒制相关机构，使我能够顺利访谈。感谢英国教育部、学徒制局、英国院校协会，Semta，people 1st，FISSS，WKC，以及 wolverhampton 大学等机构的负责人及其代表，通过与他/她们的会面，自己对英国相关机构在学徒制中的职责及其演变有了较为深入的了解，对英国学徒制治理体系的构建有了较为客观的认识。

黄尧教授、俞启定教授与和震教授等专家为本书的结构和内容提出了宝贵意见。在写作过程中，我的家人也给予我很多鼓励与支持。

书稿虽已完成，但我深知，学徒制治理体系构建问题非常复杂。将在一个国家运行良好的一种学徒制治理体系复制到另外一个国家，结果可能并不如人意，因为两个国家的文化和制度等"水土"不同。借鉴国际经验构建我国学徒制治理体系，有太多内容需要深入而严谨的研究，还需继续前行！